D1666576

Herman van Veen

ALFRED J. KWAK

Mein abenteuerliches Leben

Ueberreuter

CIP-Titelaufnahme der Deutschen Bibliothek

Alfred J. Kwak : mein abenteuerliches Leben /
Herman van Veen. - Wien : Ueberreuter, 1990
  ISBN 3-8000-2323-7

J 1800/1
Alle Rechte vorbehalten
Umschlag von Beate Dorfinger unter Verwendung einer
Illustration von Siepermann & Bacher
Illustrationen Copyright © 1989 by Harlekijn /Van Veen,
Siepermann & Bacher, excl. licensed world-wide by
Telecable/Entertainment München
Text von Michael Czernich nach einer Idee von Herman van Veen
Copyright © 1990 by Verlag Carl Ueberreuter, Wien
Druck und Bindung: Carl Ueberreuter Druckerei Ges. m. b. H.,
Korneuburg
Redaktion: Monika Thaler
Printed in Austria

Hallo, Freunde!

Es war einmal ... so fangen die meisten Märchen und Geschichten an. Und so fangen auch die abenteuerlichen Geschichten von Alfred J. Kwak an. Alfred — das bin ich. Den Namen hat Maulwurf Henk vorgeschlagen, der beste Freund meines Vaters Johann. Henk war es auch, der meinen Vater mit meiner Mutter Anna zusammengebracht hat. Die beiden hatten sieben Eier, äh ... sieben Kinder miteinander. Ich war das älteste Kind, und weil ich schon als Baby so ein munterer Racker war, ein richtiger »Jodocus«, wie Henk sagte, erhielt ich einen zweiten Vornamen: Jodocus!

Leider wurden wir bald von dem schönen Fleckchen Erde in Großwasserland vertrieben, weil ein paar gierige Geschäftsleute ausgerechnet dort einen Vergnügungspark errichteten, wo wir wohnten. Also mußten wir umziehen. Henk schlug vor, zu dem stillgelegten Bergwerk zu ziehen, wo sein Großvater früher gelebt hatte. Gesagt, getan! Doch auf dem Weg zu unserem neuen Wohnort geschah beim Überqueren einer Straße ein schreckliches Unglück: Meine Eltern und meine sechs Geschwister wurden überfahren! Ich werde immer wieder ganz traurig, wenn ich heute daran denke ...

Aber Henk war mir ein guter Ersatzvater. Er sorgte, daß ich groß und stark wurde, daß ich pünktlich zur Schule

5

ging, und bei meinen vielen Abenteuern war er immer mit von der Partie.

»Mein abenteuerliches Leben« — das ist deshalb auch der Titel dieses Buches. Es ist ein richtig dicker Roman geworden, toll! Ratet mal, wer diesen Roman über mich geschrieben hat? Der berühmte holländische Liedermacher und Schriftsteller Herman van Veen! Na, ihr könnt euch denken, wie geschmeichelt ich war, als Herman mit seiner Idee herausrückte, die Abenteuer von Alfred Jodocus Kwak niederzuschreiben. Er besuchte mich oft bei dem alten Bergwerk, wo Henk für mich ein gemütliches Holzschuhhaus gebaut hatte. Wir saßen beisammen oder machten lange Spaziergänge durch die Wiesen und Felder von Großwasserland. Dabei erzählte ich und erzählte und erzählte... Herman versprach mir ganz fest, daß er alles so aufschreiben wollte, wie ich es ihm geschildert hatte. Tja, und eines Tages machte er ein Buch daraus, genau das Buch, das ihr nun in den Händen haltet. Ich hoffe sehr, daß es euch gefällt, und ihr am Schluß ganz laut »picobello!« ruft.

Jetzt aber genug der Vorreden. Es geht los...

Sieben
wunderschöne
Enteneier

Wieder einmal war es Frühling geworden in Großwasserland. Die dicken Knospen der Bäume platz-
ten auf, die zarten, grünen Blättchen reckten sich
der wärmenden Sonne entgegen, und die zartrosa
Blüten der Apfelbäume lockten mit ihrem Duft die
Bienen an.

Durch Großwasserland floß ein langer, schnurge-
rader Fluß, der auf beiden Ufern von hohen Pap-
peln umsäumt war. Neben dem Fluß erstreckte
sich eine große, grüne Wiese, und unter dem Gras
dieser Wiese wohnte der Maulwurf Henk. Kaum
hatte Henk nach seinem langen Winterschlaf die
wärmenden Sonnenstrahlen verspürt, da begann er
auch schon zu graben. Er grub und grub, bis er mit
seinen kräftigen Händen die dicke Erdschicht
durchstoßen konnte und die feuchten Erdklumpen
nur so durch die Gegend flogen!

Da stand er nun, der fleißige Henk, in seiner blau-
en Hose und mit der Bauarbeitermütze auf dem
Kopf. Er wischte sich den Schweiß von der Stirn,
kratzte sich hinter dem Ohr und zog dann seine
Taschenuhr aus der Hosentasche. Halb sieben!

Verärgert trommelte Henk mit dem rechten Fuß
auf die Erde und brummelte: »Bei allen sieben

Maulwurfshügeln! Hab' ich's mir doch gedacht! Auch dieses Jahr kommt er wieder zu spät. So ein Faultier!«

Von wem war die Rede? Über wen mußte Henk denn so schimpfen? Nun, er hatte sich im Herbst mit Johann Kwak verabredet. Johann Kwak war der Briefträger von Deichstadt, ein freundlicher Enterich, der eine dunkelblaue Dienstmütze und einen hellblauen Schal trug und stets in Eile war. Wie das Briefträger nun einmal sind.

Johann hatte natürlich die Verabredung in den Wiesen von Deichstadt nicht vergessen. Er war auch schon unterwegs zu Henk, war gerannt wie nie zuvor, hatte die Straße überqueren müssen, die mitten durch Großwasserland führte, wäre beinahe von einem Auto überfahren worden und stand schließlich ganz atemlos vor einer großen Weide.

Johann schaute hinunter ins Gras und rief: »Henk! Henk! Kommst du noch zum Vorschein? Der Frühling hat bereits angefangen. Wo steckst du denn? Henk! Hee-eenk!«

Da ertönte ganz aus der Nähe die vertraute Stimme von Henk. »Hierher! Hier bin ich, Johann Kwak!«

Verdutzt blickte sich Johann um.

Na, so was!

Da drüben saß Henk auf seinem Maulwurfshügel, frühstückte und winkte freundlich herüber.

»Wir wollten uns doch hier unter dieser Weide treffen, nicht wahr?« fragte Henk.

»Na ja«, meinte Johann, »da steht noch eine Weide, und ich dachte...«

8

»Ist schon gut! rief Henk lachend. »Hauptsache, du hast an unsere Verabredung gedacht.«

»Klar doch, die habe ich nicht vergessen. Ist aber doch schon eine ganze Weile her, nicht wahr?«

Henk packte seine Frühstückssachen weg, und die beiden machten einen Spaziergang durch das hohe Gras.

»Ich liebe den Frühling, weil dann alles so schön ist«, sagte Johann Kwak. »Jeden Frühling habe ich das Gefühl, daß in diesem Jahr etwas Besonderes geschehen wird!«

Henk lachte. »Ich glaube, das hast du bereits voriges Jahr gesagt, und vorvoriges Jahr auch. Übrigens, was hast du dieses Jahr geplant, Johann?«

»Nichts besonderes«, antwortete Johann.

Die beiden waren inzwischen bei dem alten Holzschuh angelangt, der am Ufer des Flusses lag. Dieser Schuh war Johanns Zuhause. Henk und Johann machten es sich auf der Bank vor dem Schuh gemütlich.

»Du wartest also, bis dir irgendwas Wunderbares passiert?« fragte Henk.

»Genau!« gab Johann zur Antwort.

»Warum heiratest du nicht?«

»Heiraten?« rief Johann. »Nein danke! Ich bin noch jung und möchte noch so lange wie möglich meine freie Zeit genießen. Weißt du ... man ist so verheiratet, wenn man heiratet!«

Die beiden schwiegen eine Weile. Plötzlich hörten sie eine zarte, liebliche Stimme, die ein leises Lied summte.

»Hörst du das, Henk?« fragte Johann.

»Ja!« sagte Henk. »Was für ein Stimmchen!«

»Woher kommt das?«

»Es kommt von dort drüben«, sagte Henk, »wo die vielen Blumen wachsen.«

Inmitten einer blühenden Wiese watschelte ein junges Entenfräulein daher und pflückte sich einen bunten Strauß. Johann machte große Augen. »Wer . . . äh . . . . ist . . . denn d-d-das?« stotterte er.

»Oh, die kennst du nicht?« meinte Henk. »Das ist Anna!«

»Anna . . .! Annaaaa!« Wunderschön klang der Name für Johann.

»Anna ist die jüngste Tochter des Deichbauers«, erklärte Henk. »Komm, ich stelle sie dir vor.«

»He! Nicht so schnell!« rief Johann. Aber Henk war schon aufgesprungen und zu Anna hinübergelaufen. »Hallo, Anna!«

»Hallo, Henk! Lange nicht gesehen. Wie geht's?«

»Maulwurfsmäßig gut«, sagte Henk und zeigte auf Johann. »Der da drüben, das ist Johann Kwak, Anna. Ein sehr guter Freund von mir und eine fabelhafte Ente. Komm mit, Anna, ich stelle ihn dir vor.«

Henk nahm Anna bei der Hand und die beiden gingen zu Johann. Der arme Johann war ganz verlegen und aufgeregt zugleich. Am liebsten wäre er davongerannt, aber da stand bereits Anna vor ihm und sagte: »Freut mich, Johann.«

Der arme Johann begann vor lauter Nervosität einen völligen Unsinn zu reden. »Ha . . . ha . . .

10

hallo, schön, dich kennenzulernen. Ja, ich bin Blumen, äh … Schöne Johanns hast du dabei, prächtige Blumen. Wundervoll! Guten Morgen, guten Mittag. Aber jetzt mußt du mich entschuldigen. Mir fällt auf einmal ein …«

Er drehte seine Briefträgermütze in den Händen, ging ein paar Schritte rückwärts und sauste dann davon, so schnell ihn seine Briefträgerentenfüße tragen konnten. Mit einem Satz sprang er in den Fluß, schwamm zum anderen Ufer, lief ein Stück und blieb dann mitten im Gras völlig erschöpft liegen.

»Anna … Anna!« murmelte er. Johann Kwak war verliebt!

Als er am nächsten Morgen in seinem Holzschuhhaus erwachte, war sein erster Gedanke: Anna! Er watschelte zum Fluß, wusch sich das Gesicht, putzte den Schnabel, gurgelte und kämmte die drei Haare, die rechts an seinem Kopf in die Luft standen. Plötzlich vernahm er die Stimme, die ihn so verzaubert hatte! In Windeseile rannte er heim, setzte seine Mütze auf, band sich den Schal um und eilte zu der Stelle, von wo er Annas Stimme gehört hatte.

Tatsächlich, da stand sie vor ihm! Sie war so wunderschön, daß dem verliebten Johann das Herz bis in den Hals hinauf klopfte.

Johann nahm all seinen Mut zusammen, pflückte die schönste Blume, die er auf der großen Frühlingswiese finden konnte und überreichte sie seiner Anna. Und was tat Anna? Sie lächelte, machte einen kleinen, koketten Knicks und gab dann Johann Kwak einen Kuß ... Mann! Das war zuviel für Johann! Er sprang aus dem Stand drei Meter in die Luft, schlug zehn Purzelbäume hintereinander und jubelte vor Glück!

Die nächsten Tage und Wochen verbrachten Johann und Anna miteinander, sooft es nur ging. An jedem Tag, an dem sie sich trafen, mochten sie sich noch mehr, und bald stellten sie fest, daß sie einander so lieb hatten, daß sie für immer beieinander bleiben wollten.
Johann Kwak hatte für seine Anna sogar ein kleines Liebeslied komponiert, und das ging so ...
Ich hab'
so eine Ente
noch nie zuvor geseh'n,
so etwas wie dich,
so'n schönes Entlein.
Ehrenwort!
Dein Schnabel ist der liebste,
die Flügel sind die weichsten,
dein Schwänzchen ist das frechste.
Im Vergleich,
du bist weit und breit das Allerliebste
auf dem Teich!

Es dauerte nicht lange, da erwarteten Anna und Johann Kwak Nachwuchs. Henk war der erste, der gratulierte.

»Hallo!« sagte er und überreichte Anna einen großen, bunten Blumenstrauß. »Herzlichen Glückwunsch euch beiden! Darf ich mal schauen, Johann?«

»Na klar, Henk, schau nur!«

Johann hob Henk hoch und setzte ihn auf den Rand des Holzschuhs, in dem das Entenpaar jetzt zusammen wohnte. In dem Schuh lag ein Haufen weißer Eier.

»Wahnsinn!« rief Henk begeistert. »Sieben Stück! Ist das nicht phantastisch? Herzlichen Glückwunsch, Anna! Ich habe noch nie so schöne Eier gesehen!«

»Vielen Dank, Henk!« sagte Anna geschmeichelt.

»Das ist lieb von dir, Henk«, freute sich auch Johann.

»Nein, im Ernst, Johann! Bei allen sieben Maulwurfshügeln! Wirklich großartig!« Henk konnte sich gar nicht beruhigen.

Doch die glücklichen Tage des jungen Paares waren gezählt, und bald sollte es mit der Ruhe in Großwasserland vorbei sein. Zwei gerissene Geschäftsleute hatten nämlich vor, in dieser idyllischen Landschaft einen großen Freizeitpark zu errichten. Während sich die Kwaks über ihre sieben Eier freuten, erklärte Hippo Nilpferd dem geldgierigen Krokodil das Modell für den Park, das er in seinem Salon auf dem Billardtisch aufgebaut hatte. Er ging um den Tisch herum, zeigte mit dem Billardstock mal hierhin, mal dahin und sagte: »Dies ist natürlich nur ein Modell. Meine Assistenten Stip

13

und Stap, die beiden Störche, haben es angefertigt. Aber dieses Modell ist sehr interessant, weil es im Kleinen zeigt, wie die Gebäude miteinander verbunden sind.«

»Großartig!« sagte das Krokodil.

»Es gibt natürlich viele Teiche und Wassergräben, die wir trockenlegen müssen, ehe wir mit dem Bauen beginnen können«, fuhr Hippo fort. Dann zeigte er auf eine kleine Entenfigur und sagte: »Diesen hier müssen wir auch so schnell wie möglich loswerden ...« – damit war Johann Kwak gemeint! – »... dann können wir hier das größte Spielzeugland bauen, ein wahres Wunderland mit Karussells und Buden, mit Achterbahnen und Riesenrädern. Ich sage immer, so leicht Geschäfte machen, das lohnt sich! Ein Freizeitpark bringt eine Menge Kohle!«

»Toll! Herrlich! Großartig!« Das Krokodil war einfach begeistert!

Gottseidank hatte Johann noch keine Ahnung von dem, was das Nilpferd und das Krokodil ausheckten. Außerdem hatte er zur Zeit andere Sorgen. Schon seit Tagen saß Anna bewegungslos auf ihren sieben Eiern und brütete und brütete ... Johann aber rannte aufgeregt hin und her, im Kreis herum und wieder hin und her ... Er war so in Gedanken versunken, daß er nicht einmal Freund Henk bemerkte, der mit seinem Schubkarren angesaust kam.

BOMS! Die beiden stießen zusammen, und Johann landete unsanft auf dem Hintern.

»Ich habe gehört, du wirst demnächst Vater, stimmt das?« fragte Henk.

»Ja, deshalb bin ich ja auch schrecklich aufgeregt, so aufgeregt, daß mir direkt die Flossen zittern!«

»Keine Bange«, sagte Henk, »es wird alles gutgehen.«

»Johann!« rief in diesem Moment Anna aus ihrem Nest.

Johann Kwak sprang drei Meter hoch in die Luft und rannte dann wie der Blitz zu dem Holzschuh, der im Schatten eines Laubbaumes am Ufer des Flusses stand.

»Was ist?« fragte er aufgeregt. »Sind die Jungen schon geschlüpft?«

»Nein, das nicht«, gab Anna zur Antwort, »aber ich muß mal. Kannst du kurz aufpassen?«

Maulwurf Henk wollte nun weiter, er hatte noch viel Arbeit an diesem Tag. »Johann, ich gehe«, sagte er. »Wir sehen uns noch. Du hältst mich doch auf dem laufenden, oder?«

»Ja, natürlich«, versprach Johann, »ich sag' dir Bescheid, wenn sie geboren sind. Bis bald!«

Unbemerkt waren inzwischen Krähenvater Schor Kra und seine Amselfrau, die in der Nähe wohnten, zu Annas Nest geflogen und machten häßliche Bemerkungen über die Eier.

»Oh! Sehen die aber abstoßend aus!« rief Schor Kra.

»Ja, wirklich!« pflichtete ihm seine Frau bei.

»Wasservögel sind keine richtigen Vögel so wie wir«, fuhr Schor fort. »Deshalb sind es auch keine richtigen Vogeleier, sondern wertlose Enteneier.«

15

Mutter Kra zählte ... »Es sind sieben Stück. Ich möchte mal wissen, ob sie alle ausschlüpfen.«

»Ich glaube nicht«, meinte Schor abfällig. »Sie sehen ziemlich blaß aus, wahrscheinlich sind es ganz gewöhnliche Windeier!«

Schor nahm ein Ei aus dem Nest und hielt es seiner Frau vor den Schnabel. »Schau mal, siehst du das? Im Vergleich zu unseren Eiern ... die Farbe ... die Form ...«

Jetzt reichte es Johann Kwak! Er rannte zu dem Schuh, stellte sich vor die beiden ungebetenen Besucher und schnauzte sie an: »Was? Wie? Die Farbe! Die Form!«

»Na ja«, meinte Schor, »vielleicht nicht alle. Aber das hier hat eine merkwürdige Farbe und flache Form.«

»Das geht sie überhaupt nichts an!« rief Johann wütend. »Es sind die schönsten Eier der Welt, und das hier ist etwas ganz Besonderes. Her damit!« Er riß Schor das Ei aus der Hand. Doch plötzlich griff von hinten eine Kralle zu und nahm das Ei! Es war der Habicht Greif, der mit Vorliebe die Nester anderer Vögel ausraubte. Greif rannte mit dem gestohlenen Ei los, und Johann hinterher! Über Stock und Stein ging die wilde Jagd. Greif hatte bereits einen gehörigen Vorsprung, da stolperte er über Henk, der mit seiner Schubkarre gerade des Weges kam. Greif verlor das Ei, es flog in hohem Bogen durch die Luft und fiel in den Fluß, wo es sogleich zu Boden sank, direkt vor das Maul von Gier, dem Hecht. Gier sperrte sein gefräßiges Maul auf und

SCHWUPP! hatte er das Ei verschlungen. Doch da war bereits Vater Johann Kwak zur Stelle. Er sprang ins Wasser, packte Gier am Schwanz und zerrte ihn an Land.

»Das ist mein Ei!« schimpfte er. »Her damit! Mach das Maul auf!« Johann drückte Giers Kiefer auseinander und blickte in dessen Rachen. »Ei, wo bist du?« rief er. »Hier ist dein Vater! So antworte doch! Ah, da ist es!«

Johann fand sein verlorengegangenes Ei, drückte es an die Wange und gab ihm einen dicken Kuß. »Ei, Ei . . . zum Glück bist du ganz geblieben, mein Liebling.«

So schnell es ging, eilte Johann zurück zu seinem Schuh. Dort wartete bereits Anna und blickte ihn mit funkelnden Augen an. »Was hast du gemacht?« fragte sie.

»Äh . . . nichts«, antwortete Johann verlegen.

»Schwindler! Du verheimlichst mir etwas. Ich weiß zufällig, daß Greif eines meiner Eier gestohlen hat. Es ist doch wirklich nicht zu fassen. Kannst du denn nicht mal fünf Minuten aufpassen? Nur fünf Minuten . . .«

»Es tut mir leid«, sagte Johann zerknirscht. »Aber es ist doch alles wieder in Ordnung. Schau . . .«

Mit diesen Worten nahm Johann seine Hand vom Rücken und zeigte Anna . . . eine halbe leere Eierschale!

Anna schluchzte auf. »Was gerade noch im Ei war, wird jetzt ›wohlbehalten‹ in Greifs Magen sein. Buhuhuh!«

Johann konnte das Unglück gar nicht fassen. »Nein, nein, nein, Anna! Das ist unmöglich! Es war gerade noch hier!« Johann blickte sich suchend um.

Plötzlich rief Anna: »Oh! Schau mal dort!«

Auf der Wiese lagen ein paar Stücke Eierschale, und daneben hüpfte ein putziges Entenküken lustig durch das Gras.

»Wow! Der ist aus dem Ei geschlüpft!« rief Johann. »He, du, warte mal!«

Da war aber schon Henk zur Stelle. Er nahm das Küken auf den Arm und sagte: »Komm her, mein Kleines. Ich bringe dich nach Hause.«

Überglücklich schloß Johann den kleinen Ausreißer in die Arme. »Danke sehr, Henk!«

»Schau ihn dir an«, sagte Henk, der nur ein ganz kleines Stückchen größer war als das Küken, »ein richtiges Schlitzohr!«

»Ja!« Johann lachte. »Der hat seinem Vater schon vor seiner Geburt eine Menge Schwierigkeiten gemacht. So ... und jetzt gehen wir heim.«

»Mein Großvater«, sagte Henk, »war genauso ein Spitzbube wie euer Kleiner. Sein Name war Alfred.«

»Alfred, soso.«

»Ach, habt ihr übrigens schon einen Namen?« fragte Henk.

»Nein, noch nicht.«

»Warum nennst du ihn nicht Alfred?«

»Alfred?« Johann überlegte ... »Alfred Kwak? Klingt nicht schlecht!«

»Sie nannten meinen Großvater auch noch Jodocus«, fügte Henk hinzu.

»Jodocus? Bedeutet das nicht Witzbold? Okay, ich denke, wir nennen ihn auch so: Alfred Jodocus Kwak.«

»Das ist nicht schlecht!«, meinte auch Anna. »Alfred Jodocus Kwak . . . Einverstanden!«

Sie setzte Alfred zu den verbliebenen sechs Eiern.

»Was machen eigentlich die Geschwister von Alfred? Wann schlüpfen die aus?« fragte Henk.

»Oh, das kann jeden Moment passieren«, meinte Anna.

»Also, Alfred«, sagte Henk, der auf den Rand des Schuhs geklettert war, »du bist der älteste Sohn der Familie Kwak. Du mußt gut auf deine Geschwister aufpassen . . . Verstanden?«

Alfred nickte. In diesem Augenblick gerieten die sechs Eier im Haus der Kwaks in Bewegung. Eins nach dem anderen bekam Sprünge und Risse, und mit einem Mal waren sechs weitere Küken ausgeschlüpft!

Na, war das eine Freude!

Aber Kinder machen nicht nur Freude, Kinder machen auch Arbeit, manchmal sogar viel Arbeit. Das mußte Anna bald feststellen, als sie begann, die hungrigen Schnäbel ihrer Kleinen zu füttern. Doch dafür gediehen sie auch prächtig, vor allem Alfred Jodocus. Er wagte sich als erstes Küken aus dem Schuhhaus und begann die Umgebung zu erforschen. Vergnügt watschelte er los, ohne zu wissen, welche Gefahren auf ihn warteten. Alfred überquerte einfach die Landstraße, ohne nach links und rechts zu schauen, und wäre beinahe von einem der vielen Autos überfahren worden, die vorbeibrausten.

Aber nicht nur die Autos waren gefährlich. Gut getarnt mit Zweigen und in sicherem Abstand folgte ihm eines Tages Greif. Greif wetzte schon den Schnabel und wartete auf den günstigsten Moment, um über Alfred herzufallen. Das dumme Entchen sieht mich nicht, dachte Greif, sobald es hinter dem Baum verschwunden ist, stürze ich mich auf es ... Jetzt!

Aber wer war wieder einmal zur Stelle und vermöbelte Greif, daß die Federn nur so flogen? Henk!

»Du gemeiner Dieb!« rief er dem flüchtenden Greif hinterher. »Scher dich fort und laß dich hier nicht wieder blicken!« Dann nahm er Alfred auf den Arm und brachte ihn sicher zu seinen Eltern zurück.

»Na, das ist vielleicht ein Ausreißer«, sagte Johann.

»Nur gut«, seufzte Henk, »daß ich gerade um den Weg war!«

»Alfred«, meinte Johann streng und hob den Zeigefinger. »Du darfst nicht einfach weglaufen! Daß du mir das nicht noch mal machst, hörst du? Du bleibst schön hier. Dies ist für dich der sicherste Ort!«

Familie Kwak muß umziehen

Familie Kwak liebte ihr Entenreich über alles. Aber bald geschah etwas Schreckliches. Zuerst hörte man nur aus der Ferne ein bedrohliches Stampfen und Rattern, Tuckern und Brummen. Dann kam der Krach immer näher, und schließlich brachen schwere Bagger und riesige Lastwagen durch das Gebüsch. Augenblicklich begannen die schweren Maschinen die Erde aufzuwühlen, und Johann konnte seine Kinder in letzter Sekunde vor den gefräßigen Schaufeln der Bagger in Sicherheit bringen.

Da war auch schon Hippo, das Nilpferd zur Stelle und sagte mit übertriebener Höflichkeit zu der völlig verängstigten Anna: »Es tut mir leid, Gnädigste, aber dies ist der Ort, an dem Groß-Spielzeugland gebaut werden soll.«

»Echt toll! Wirklich großartig!« meinte das Krokodil, das ebenfalls auf der Baustelle eingetroffen war.

Aber Johann Kwak wollte so schnell nicht aufgeben. »Was um Himmels willen habt ihr hier vor?« rief er erbost. »Dies ist nämlich zufällig der Ort, an dem ich mit meiner Frau und meinen Kindern wohne! Habt ihr hierfür überhaupt eine Genehmigung? Habt ihr ...« Der Rest seiner Worte ging in dem ohrenbetäubenden Lärm der Baustellenfahrzeuge unter.

»Es tut mir leid, ich kann Sie so schlecht verstehen«, gab Hippo zur Antwort. »Aber wir haben das Recht, unsere Pläne hier auszuführen, mein Herr!«

»Moment mal, das ist doch lächerlich! Ihr habt *nicht* das Recht, unser Glück zu zerstören!«

Doch Nilpferd und Krokodil hörten ihm gar nicht mehr zu. Sie stiegen in ihr Auto und brausten in einer riesigen Staubwolke davon. Johann drohte mit den Fäusten und schimpfte hinter ihnen her: »Blödes Krokodil! Fettes Nilpferd! Doofer Spielplatz! Die haben doch nicht mehr alle Tassen im Schrank!«

Schließlich wurde es Feierabend, die Bauarbeiter waren nach Hause gegangen und die Maschinen standen still. Traurig blickten Johann, Anna und die kleinen Enten auf das, was die Maschinen von ihrer lieblichen Wiese übrig gelassen hatten – eine riesige Baugrube!

Da tauchte Henk auf. Er hielt ein Foto in der Hand, das einen älteren Maulwurf vor einer Hütte zeigte.

»Paß auf, Johann, ich möchte dir was erzählen.«

»Wer ist das?«

»Mein Großvater«, antwortete Henk.

»Warum zeigst du mir das Foto?«

»Das muß noch ein ganz ruhiges Fleckchen sein, ein stillgelegtes Bergwerk. Ich habe lange gezögert, dort hinzuziehen, aber jetzt ... Warum gehen wir nicht zusammen, Johann?«

»Keine schlechte Idee«, meinte Johann. »Aber ich
bin doch hier zu Hause und habe so viele Erinne-
rungen an diesen Ort.«

»Na, ihr Enten seid doch anpassungsfähig«, wandte
Henk ein. »Los, Johann, entscheide dich!«

Johann zögerte. »Nun«, sagte er dann, »laß uns die
Sache erst einmal überschlafen. Vielleicht haben
wir morgen einen besseren Einfall.«

Leider hatte Johann Kwak keinen besseren Einfall,
am nächsten Tag nicht und auch nicht an den
kommenden Tagen. So kam es, daß sich bald darauf ein etwas seltsamer Zug durch die Wiesen in
Richtung altes Bergwerk bewegte. Johann und
Anna schleppten den schweren Holzschuh mit
ihren paar Habseligkeiten, gefolgt von ihren Kindern. Henk trippelte neben dem Schuh her, einen
schweren Koffer schleppend. Alfred Jodocus Kwak
ging als letzter in der Reihe. Immer wieder blieb
Alfred ein Stück zurück, weil er an einer schönen
Blume riechen und einem bunten Schmetterling
nachschauen mußte.

»Alfred! Komm!« rief Anna eins ums andere Mal.
»Du mußt brav bei uns bleiben.«

Nach einer Weile verdüsterte sich der Himmel,
und graue Wolken zogen auf. Ängstlich blickte
Anna nach oben. »Die Regenwolken werden uns
gleich einholen. Wir müssen uns beeilen!«

Johann wandte sich an Henk: »Und, bist du dir
sicher, daß wir heute abend dort sind?«

»Ich glaube schon.«

»Hoffentlich gibt es das Haus auf dem Foto noch«, gab Johann zu bedenken.

»Keine Angst, es steht noch. Das weiß ich genau!«

Johann seufzte und schleppte sich weiter.

»Bist du müde?« fragte seine Frau.

»Ja, ein bißchen. Aber ein Kwak läßt die Flügel nicht hängen.«

»Warum ruhen wir nicht einen Moment aus?« schlug Henk vor.

»Einverstanden« sagte Johann. »Zeig mir das Foto noch einmal.« Er betrachtete es ausführlich. »Hm . . . scheint wirklich ein ruhiges Fleckchen zu sein.«

Plötzlich ertönte aus der Richtung, aus der sie gekommen waren, ein schrecklicher Lärm. Hubschrauber donnerten über die Baustelle des Spielzeuglandes, und zu Ehren der Eröffnung wurde ein lautes Feuerwerk abgebrannt.

»Tja«, stellte Henk bedauernd fest. »Wir können nie mehr zurück, um dort zu wohnen. Schade.«

Johann ballte drohend die Fäuste und rief: »Geldgeier sind das! Vertreiben uns wegen einem Vergnügungspark! Das werde ich denen mein Leben lang nicht verzeihen!«

Anna versuchte ihn zu beruhigen. »Johann, es hat wirklich keinen Sinn mehr, böse zu sein. Komm, laß uns weitergehen. Gleich beginnt es zu regnen. Wollen wir weiterwatscheln, Küken?«

»Jaaa!« riefen die sieben Kleinen unternehmungslustig. Henk nahm Klein-Alfred auf die Schultern, Anna legte Henks Koffer in den Schuh und weiter ging's. Anna warf einen letzten Blick zurück auf

24

das schöne Fleckchen Erde, das einmal ihre Heimat gewesen war. Alles nur wegen dem Geld, dachte sie.

Hippo und das Krokodil hatten inzwischen die Einnahmen des ersten Tages gezählt. Eine große Kiste voller funkelnder Geldstücke war zusammengekommen. Sie verstauten die Kiste in ihrem Luxusauto und brausten davon. »Los! Zeit ist Geld!« rief Hippo. »Eine gute Musik haben wir uns jetzt verdient.« Er drehte an den Knöpfen des Autoradios, bis er einen Sender mit besonders lauter Musik gefunden hatte. So rasten die beiden durch das Gewitter die Landstraße entlang. Über ihren Köpfen donnerte und blitzte es, sie achteten nicht auf den Weg. Nur weiter … weiter …

Weiter … Das wollten auch die Kwaks. Anna wurde immer besorgter: »Die dunklen Regenwolken kommen sehr schnell näher!«

»Ist es noch weit, Henk?« fragte Johann. »Die kleinen Enten müssen schlafen gehen.«

»Ich denke nicht, Johann.«

»Na, dann Kopf hoch!« rief Johann. »Mit aller Kraft zum Endspurt!«

Mittlerweile wurde es höchste Zeit für die Kwaks, denn es hatte kräftig zu regnen angefangen. Regen macht Enten zwar nichts aus, aber sie wollten schließlich heute noch das alte Bergwerk erreichen.

Klein-Alfred machte es Spaß, durch den Regen zu marschieren, und als plötzlich ein dicker Frosch des Weges gehüpft kam, rannte ihm Alfred neugierig hinterher.

»Ach, Johann!« rief Anna besorgt. »Sieh nur, er läuft schon wieder weg!«

»Geht ihr nur weiter«, sagte Henk, »ich hole ihn schon.«

Während Henk dem kleinen Ausreißer nachlief, hatten die anderen Kwaks die Straße erreicht, die sie auf dem Weg zu ihrem neuen Zuhause überqueren mußten. Da passierte es ...

Hippo und das Krokodil näherten sich mit ihrem Auto. Wegen des starken Regens war die Sicht schlecht, auf der nassen Straße geriet das Auto ins Schlingern und raste direkt auf Anna, Johann und die sechs kleinen Enten zu. Das Krokodil konnte nicht mehr ausweichen ... Es war zu spät!

Alfred feiert Geburtstag

So zogen der Maulwurf Henk und der kleine Alfred Jodocus Kwak allein in das alte Bergwerk. Henk bemühte sich nach besten Kräften, seinem verwaisten Schützling ein gutes Zuhause zu geben. Er sorgte für ihn, kochte für ihn und hoffte, daß Alfred bald über den schmerzlichen Verlust seiner Familie hinwegkommen würde.

»Ich weiß, wie du dich fühlst«, sagte Henk einmal, als Alfred wieder einmal so traurig war, daß er nicht einen einzigen Bissen von seinem Lieblingsessen hinunter bekam, das Henk extra für ihn gekocht hatte. »Aber du mußt etwas essen, sonst wirst du krank und mußt im Bett bleiben. Und das freut niemanden, auch deinen Vater und deine Mutter nicht.«

Bei den Gedanken an Vater Johann und Mutter Anna begann Alfred jämmerlich zu weinen.

»Hör zu, Alfred«, sagte Henk und legte ihm tröstend den Arm um die Schulter, »ich werde immer für dich da sein und nach besten Kräften versuchen, deine Eltern zu ersetzen. Schließlich bin ich ja jetzt dein Papa *und* deine Mama! Du wirst eine große, starke Ente werden, das verspreche ich. Nur eines kann ich dir nicht beibringen, Alfred: das

Schwimmen! Das mußt du selbst lernen. Ich habe nämlich ein bißchen Angst vor dem Wasser, weißt du.«

»Vielleicht mache ich aus einem wasserscheuen Maulwurf noch einen begeisterten Unterwassergräber«, sagte Alfred und trocknete seine Tränen. »Und eines ist sicher, Henk: So oder so habe ich dich sehr gern.«

Es wurde Herbst, die Blätter färbten sich bunt und fielen zu Boden. Es wurde Winter, und weiche, weiße Flocken wirbelten vom Himmel und legten sich über das Land. Und es wurde wieder Frühling und Alfreds Geburtstag stand vor der Tür ...

Alfred hatte das Jahr über einige Freunde kennengelernt, die zu seinem Geburtstag geladen waren. Zu diesen Freunden gehörten auch der Storch Ollie und der Elsterjunge Stibitzi. Alfred durfte an diesem Tag so lange schlafen, wie er wollte, aber er hielt es dennoch nicht lange in seinem Holzschuhbett aus. Der erste Geburtstag ist schließlich etwas Besonderes. Deshalb war Alfred schrecklich aufgeregt.

Aufgeregt waren auch Ollie und Stibitzi. Ollie wohnte im Kirchturm von Deichstadt, und Stibitzi war gekommen, um Ollie zum Geburtstagsfest abzuholen.

»Was bringst du Alfred mit?« fragte Stibitzi neugierig. Elstern sind ja immer neugierig.

»Das ist geheim. Heute ist schließlich Alfreds Geburtstag, nicht deiner.«

»Schau«, sagte Stibitzi, »das bekommt er von mir!«
»Ein silbernes Löffelchen! Wie schön!«

»Es ist noch schöner als schön«, meinte Stibitzi und betrachtete den Löffel mit leuchtenden Augen. »Es glitzert tausendmal mehr als die Sonne!« Es war ein tolles Geschenk von Stibitzi. Elstern können nämlich funkelnden Dingen nicht widerstehen, und ein glitzerndes Silberlöffelchen zu verschenken, ist wirklich ein echter Freundesdienst.

Dann war es endlich so weit. Henk hatte für Alfred eine wunderbare Geburtstagstorte gebacken, in deren Mitte eine brennende Kerze prangte. Die Torte wurde schneller verputzt, als Henk schauen konnte. Alle langten kräftig zu: Henk, Alfred, Ollie, Stibitzi, die Spatzen und die Nachbarjungen Hannes und Wannes. Lustige Spiele wurden gespielt, und dann sangen alle ein Geburtstagsständchen für Alfred Jodocus Kwak ...

»Alfred hat Geburtstag,
das gibt ein Geschrei.
Alfred ist nun eins
und nicht mehr ein Ei.
Hieperdipiep! Hieperdipiep! Hieperdipiep!
Hurra!
Hieperdipiep! Hieperdipiep! Hieperdipiep!
Hurra!
Limonade kriegt der Schlingel,
Entengrütze und Creme,
sieben Schokoladenriegel
und ein bißchen Lehm.

Hieperdipiep! Hieperdipiep! Hieperdipiep!
Hurra!
Hieperdipiep! Hieperdipiep! Hieperdipiep!
Hurra!«

Plötzlich ertönte von draußen lautes Hupen.

»Oh!« rief Henk. »Da ist der Bus. Mein Geschenk ist angekommen!«

»Was?« wunderte sich Alfred. »Noch mehr Geschenke? Ist der Bus ein Geschenk?«

»Kommt alle mit«, sagte Henk. »Zur Feier des Tages machen wir einen Ausflug. Wir fahren zum Schloß des Königs!«

Das war ein Lachen und ein Geschrei, als die Geburtstagsgesellschaft den Bus stürmte und losfuhr. Unterwegs wurde Henk von Fragen geradezu überschüttet. Er konnte sie gar nicht schnell genug beantworten.

»Henk, wie sieht der König aus?«

»Nun, man sagt, daß er nett ist.«

»Wir werden ihn doch hoffentlich sehen?«

»Ich fürchte nicht, Jungs.«

»Warum nicht?«

»Mittwochs kommen immer viele Touristen zum Schloß, und ich habe gehört, daß der König dann auf die Jagd geht.«

»Wo geht er denn auf die Jagd?«

»In dem großen Wald der königlichen Familie. Man sagt, daß der König immer trifft!«

Der König war tatsächlich an diesem Tag mit Baron Dachs zur Jagd gegangen. Er hatte auch getroffen. PENG! Aber was?

»Ein herrlicher Schuß!« lobte sich König Richard der Dritte selbst. Er saß auf einem Holzpferd, das auf eine Sänfte montiert war, die von vier Dienern getragen wurde. »Warum schießen Sie nicht auch, Baron Dachs?«

»Ich schieße nicht auf Verkehrsschilder, Majestät«, gab dieser zur Antwort.

»Verkehrsschilder? Unsinn, das war ein graziler Hirsch!«

In Wirklichkeit hatte der etwas kurzsichtige König statt auf einen Hirsch auf ein Verkehrsschild geschossen.

»Nun«, meinte Baron Dachs, »meine Phantasie ist eben nicht so lebendig wie Ihre, Majestät!«

Da ertönte ganz in der Nähe der Klang einer Autohupe.

»Was ist das?« fragte Baron Dachs.

»Das ist ein Hirschbock!« sagte König Richard aus tiefster Überzeugung. »Er ruft nach einem Weibchen!«

»Nein, Majestät, das ist nur ein Bus, der Touristen zum Schloß fährt.«

»Unsinn! Es ist ein Hirsch! Er nähert sich. Attacke! Schneller!« Er feuerte seine Diener an. Diese rannten, rannten, rannten und … PARDAUZ! lag der König im Gras. Bekümmert schaute er dem Bus nach und sagte: »Schade, ich habe meinen Prachthirsch verfehlt!«

Der Bus mit der Geburtstagsgesellschaft hatte bald das Schloß erreicht. Henk, Alfred und seine

Freunde wurden von Baron von Puter durch das riesige Gebäude geführt. In jedem Zimmer gab es etwas zu besichtigen, und Baron von Puter wußte sehr interessant zu erzählen.

»Das ist Otto der Dritte, im Kampf gegen Arthur den Wüsten im Jahr 1198. Im Hintergrund sehen Sie das große Schloß von Ritterstadt. ... Hier befindet sich das Denkmal Richards des Ersten, des tapfersten Ritters des Mittelalters, wie Sie zweifellos alle wissen. Folgen Sie mir, ich führe Sie jetzt in die Küche des Königs.«

In der Küche waren eine Gruppe von blauen Pudeln mit weißen Kochmützen dabei, Teig auszurollen, Nudeln zu schneiden und zu großen Knäueln aufzuwickeln. Dann ging es zurück über den Flur in den Keller. Schließlich standen sie vor einer schwer bewachten Tür. »Und das ist die Schatzkammer«, sagte Baron von Puter. »Ich übertreibe nicht, wenn ich sage, daß hier alle Macht und aller Reichtum Richards des Dritten versammelt sind! Sie können jetzt einen kurzen Blick hineinwerfen ... Sesam öffne dich!« Die Flügel der Tür schwangen auf und enthüllten den Blick auf die prächtigsten Edelsteine. Wie das leuchtete, wie das blitzte und glitzerte!

»Ui! Ah! Oh!« riefen die Besucher.

»Die meisten dieser Juwelen stammen aus der Zeit der Kreuzfahrer«, erklärte Baron von Puter. »Anfang des 14. Jahrhunderts also. Aber der wertvollste von allen Steinen ist der Kronjuwel dort, der teuerste Edelstein dieses Planeten.

Ich bitte Sie, den Rubin nicht zu berühren. Wer es trotzdem tut, wird vom König persönlich schwer bestraft!«

Als die Geburtstagsgesellschaft den Rubin ausführlich bewundert hatte, folgte sie dem Baron in das Badezimmer des Königs. Dort stand die Badewanne, die der König immer nur dann benutzte, wenn er ein Limonadebad nahm.

»Das Baden in Limonade«, sagte Baron von Puter, »ist ein alter Brauch der königlichen Familie, der auf Hansobal den Zweiten zurückgeht, der es im Rücken hatte.«

Alfred hatte aufmerksam zugehört, doch plötzlich fiel ihm etwas auf: Stibitzi fehlte! Alfred konnte nicht wissen, daß der kleine Elsternjunge in der Schatzkammer zurückgeblieben war. Mit leuchtenden Augen hatte er verzückt den Kronjuwel angestarrt. Und nachdem Elstern dafür bekannt sind, daß sie gern glitzernde und glänzende Gegenstände stehlen ... »Alarm! Der Kronjuwel ist weg! Der Rubin ist gestohlen worden!« ertönte in diesem Augenblick eine laute Stimme.

»Oh! Welche Katastrophe!«

»Schließt das Tor!«

Aufgeregt rannten die Wächter der Schatzkammer durch das Schloß. Der Oberwächter rief: »Das ist eine Krisensituation, meine Herren! Zieht die Brücke hoch, und laßt niemanden aus dem Schloß heraus!«

Auweh! Alfred ahnte gleich, wer da am Werk gewesen war, und machte sich eilig auf die Suche nach Stibitzi. Die diebische Elster hatte tatsächlich den riesigen, leuchtend roten Edelstein gestohlen. Alfred blickte nach oben, wo Stibitzi den Rubin auf dem Treppengeländer vor sich her rollte und immer wieder murmelte: »Der gehört mir! Nur mir! Nur mir!«

Doch plötzlich entglitt ihm der Stein und fiel hinunter, direkt vor Alfreds Füße. Alfred war so geblendet von dem funkelnden Stein, daß er das Gleichgewicht verlor und zu Boden fiel. Benommen blieb er liegen. So fand ihn ein Wächter und rief den anderen zu: »He! Kommt schnell her! Ich habe den Rubin und den Dieb auch!«

Als Alfred wieder voll zu sich kam, war er von Wachen umringt. Und im nächsten Moment wurde er auch schon in Ketten gelegt.

»Dein Pech, Dieb«, sagte der Oberwächter. »Du bekommst bestimmt eine harte Strafe!«

Sie warfen Alfred in ein tiefes Verlies und schlossen die Tür hinter sich zu. Da saß er nun, der arme Alfred. Gerade ein Jahr alt und schon im Gefängnis.

»Ich bin kein Dieb! Ich bin eine Ente!« rief er kläglich. »Henk! Henk! Henk . . .«

Alfred hinter Gittern

Einige Stunden später kamen der König und Baron Dachs von der Jagd zurück. Verwundert stellte der König fest, daß sie das Schloß nicht betreten konnten.

»Was soll das?« sagte er. »Versuchen die, mich aus meinem eigenen Schloß auszuschließen? Das ist Revolution! Weshalb haben die sonst die Zugbrücke heruntergelassen? Soll ich etwa hinüberschwimmen?«

»Selbstverständlich nicht«, antwortete Baron von Dachs. »Irgend etwas stimmt nicht im Schloß. He, Soldaten!« rief er. »Der König ist wieder da! Laßt die Brücke herunter, aber ein bißchen plötzlich!«

Schnell gab der Kommandant seine Befehle, und der König konnte endlich das Schloß betreten. Er wurde schon von Baron von Puter erwartet, der seiner Majestät aufgeregt erzählte, was passiert war: »Es waren Touristen im Schloß, und einer versuchte, den Rubin zu stehlen. Wir mußten die Brücke hochziehen, damit niemand entwischen kann!«

»Und?« fragte Baron von Dachs. »Habt ihr den Verbrecher gefaßt?«

»Ja«, bestätigte von Puter. »Er sitzt schon im Verlies und wartet auf seine gerechte Strafe.«

In diesem Moment kam eine kleine Gestalt angerannt, verfolgt von zwei Wächtern. Es war Henk. Er trat vor den König und rief händeringend: »Majestät, ich flehe Sie an! Alfred hat wirklich nichts gestohlen. Es ist ein Irrtum! Mein Sohn ist kein Dieb! Bitte, schonen Sie ihn!«

Doch da war bereits der erste Wächter zur Stelle, schnappte sich den kleinen Henk und trug ihn aus dem Raum.

»Soso«, meinte der König, »der Verbrecher ist also ein Maulwurf?«

»Nein«, erklärte ihn von Puter auf, »eine Ente. Dieser Maulwurf hat angeblich eine Ente großgezogen. Diese Ente muß vor Gericht, Majestät!«

»Selbstverständlich«, pflichtete ihm König Richard bei. »Jeder, der meinen Rubin zu stehlen versucht, muß vor Gericht. Also . . .«

»Genau!« sagte der Baron. »Hoffentlich wird ihn der Richter schwer, sehr schwer bestrafen! Ich werde alles vorbereiten.«

»Aber heute nicht mehr!« Der König winkte ab. »Heute bin ich zu müde für dieses Theater. Verschieben wir es auf morgen, in Ordnung?«

Und tief unten in seinem dunklen und kalten Verlies saß der arme, unschuldige Alfred und rief kläglich: »Henk! Henk! Hol mich hier raus! Papa! Papaaa!«

Die Geburtstagsgesellschaft hatte unterdessen das

Schloß wieder verlassen und den Bus bestiegen. Nur Henk war noch zurückgeblieben, um Erkundigungen einzuziehen. Als er schließlich auch bei dem Bus eintraf, sagte er zu den anderen: »Die Sitzung des Gerichts ist auf morgen verschoben, und Stibitzi ist verschwunden. Ich kann jetzt nicht nach Hause gehen, aber ihr könnt gehen, Jungs.«

»Nein!« rief Ollie. »Wir lassen Alfred auch nicht im Stich, Onkel Henk!«

»Genau!« pflichtete ihm Hannes bei. »Wir müssen ihm helfen!«

»Und wir müssen Stibitzi finden!« piepste ein Spatz. Alle redeten plötzlich aufgeregt durcheinander.

»Keine Panik! Ganz ruhig!« unterbrach sie Henk. »Ich weiß ganz in der Nähe ein Hotel. Dort können wir ja übernachten.«

»Jaaa!« riefen alle.

»Du kannst uns dann morgen wieder abholen«, sagte Henk zu dem Busfahrer. »Und ihr anderen, kommt! Ich werde vom Hotel aus eure Eltern anrufen und ihnen sagen, daß sie sich keine Sorgen machen müssen.«

Sie marschierten los.

Unterwegs sagte Ollie: »Du, Henk, wenn Alfred den Rubin nicht geklaut hat, ist es dann Stibitzi gewesen?«

»Ich bin sicher, daß Alfred nichts klaut«, meinte Henk. »Eine Maulwurfsente tut so etwas nicht.«

»Alfred ist eine Ente, aber Stibitzi ist eine ...«

»... ist eine Elster!« beendete Henk den Satz. »Ich denke, daß Stibitzi den Rubin geklaut hat. Hört alle gut zu … Niemand sagt etwas von Stibitzi! Versprecht ihr mir das?«

Alle murmelten zustimmend.

»Morgen wird sich hoffentlich alles aufklären.«

»Muß Alfred bis dahin im Gefängnis bleiben?« fragte Hannes.

»Ja, leider«, sagte Henk. »Aber jetzt gehe ich erst einmal zu ihm.«

Es gelang Henk, bis zu dem Keller vorzudringen, aber im Vorraum von Alfreds Gefängnis wurde er von einem Wärter aufgehalten.

»Gefangene bekommen keinen Besuch!«

»Sehen Sie dieses Papier denn nicht?« Henk hielt einen Brief in der Hand. »Der Richter hat mir nämlich erlaubt, Alfred zu besuchen.«

Der Wärter lachte hämisch. »Dein Papierchen ist hier nicht gültig! In diesem Gefängnis habe ich zu bestimmen. Sogar der König hat kein Recht, mir zu befehlen!«

»Das ist nicht gesetzmäßig!« schimpfte Henk.

»Ähhh! Ist doch mir egal! Hau ab, Maulwurf, geh nach Hause!« Er packte den kleinen Henk und trug ihn zur Tür. Henk zappelte und rief: »Alfred! Kannst du mich hören? Ich bin's, Henk! Ich weiß genau, daß du nichts geklaut hast. Laß die Flügel nicht hängen. Mach dir keine Sorgen. Morgen kommst du bestimmt wieder raus!«

Der Wärter lachte dreckig. »Er? Raus? Er stirbt morgen!«

»Henk!« rief ihm Alfred flehentlich hinterher. »Papa! Papa!«

Aber Henk hörte die Stimme seines Schützlings nicht mehr.

Doch jemand anderer hörte sie: Stibitzi. Er hatte sich im Keller des Schlosses versteckt und rief nun verzweifelt: »Oh! Das ist Alfred! Ich hab's doch gewußt. Sie haben ihn eingesperrt. Oh, was soll ich bloß tun? Alfred! Vergib mir! Ich war wie verhext von dem Glitzern, ich mußte den Rubin einfach stibitzen. Was soll ich denn jetzt nur tun?«

Alfred und Stibitzi ... wußten nicht, was für eine Gefahr in ihrer Nähe lauerte. Draußen schlich nämlich Kratznagel herum, der gefräßige und gemeine Kater. Kratznagel suchte nach einem Opfer und maunzte dazu ein garstiges Lied:

»Miau! Miau! Miau!
Wenn ich mir nicht bald
was in den Magen hau',
dann – miau! – dann kau' ich
meinen eigenen Schwanz
noch auf!
Ich schau', ich schau', ich schau'
nach einem leck'ren Mäuschen
aus einem Löchlein
oder aus einem Fäustchen,
eine Ratte – miau!,
ein Stückchen Fisch,
wenn's geht, nicht frisch. Miau!
Miau! Miau! Miau!
Vor Hunger wird
mir ganz flau.

Und bin ich schlaff,
beim Schleichen
kann ich doch nichts
erreichen.
So werd' ich schon bei Tag
ganz grau.«

Die Tür von Alfreds Verlies wurde aufgesperrt und herein kam der Wärter. Er trug auf einem Tablett ein kleines Stück Brot und einen Becher Milch, stellte beides auf den Boden und sagte hämisch: »Sieht ganz danach aus, daß dies deine letzte Mahlzeit ist, Langfinger!«

»Ich bin gar kein Dieb!« rief Alfred verzweifelt.

Verächtlich winkte der Wärter ab.

»Behalte den Quatsch für dich! Mich langweilt's, Ente! Guten Appetit!« Dann drehte er sich um und ging hinaus.

Alfred versuchte an das Brot zu gelangen, doch es ging nicht. Er konnte die schwere Eisenkugel nicht bewegen, an die er gekettet war. Trotz aller Anstrengungen ließ sie sich keinen Zentimeter von der Stelle bewegen. Enttäuscht gab er auf. Plötzlich ertönte aus einer Ecke seines Kellergefängnisses ein unheimlicher Pfeifton, der sich in dem dunklen, hohen Raum ganz schaurig anhörte. Alfred schlug das Herz bis zum Hals! Was war das?

»Hast du dich erschreckt? Es war nur Spaß!« Aus einer Ecke des Verlieses kam eine freundlich dreinblickende Maus auf ihn zu, in der Hand einen Leuchter mit einer brennenden Kerze. Ein zweiter Pfeifton war zu hören, und Alfred fuhr wieder zusammen!

»Oh, du mußt nicht erschrecken, das ist ein Freund von mir«, sagte die erste Maus. Husch, husch, war die zweite Maus zur Stelle und lief zu Alfreds Brot.

»Ich weiß, warum du hier eingesperrt bist«, sagte die erste Maus.

»Die denken, daß ich den Rubin geklaut habe«, sagte Alfred kläglich.

»Piep! Ich weiß! Wir Mäuse wissen alles, was in diesem Schloß vor sich geht.«

»Der wirkliche Dieb ist aber eine Elster!« rief die zweite Maus. »Stibitzi, die Elster!«

»He! Das ist mein Brot!« rief Alfred der zweiten Maus zu, die kräftig am Futtern war.

»Mach dir nichts draus!« erwiderte die erste Maus. »Das Brot würde dir sowieso nicht schmecken. Das Essen, das du hier im Gefängnis bekommst, ist ekelhaft!«

Die zweite Maus kaute mit vollen Backen, dann fragte sie: »Warum hast du ihnen nichts von Stibitzi gesagt?«

»Ich will ihn nicht verpfeifen!« rief Alfred trotzig.

»Aber jeder, der etwas stiehlt, das dem König gehört, muß hier brummen«, sagte die erste Maus, und an ihren Freund gewandt: »Erinnerst du dich noch an den Elefanten, unter dem der Königsthron zusammenbrach?«

»Natürlich. Er wurde sofort eingesperrt!«

»Wie schrecklich!« sagte Alfred seufzend. »Könnt ihr mir vielleicht helfen auszubrechen?«

»Das ist unmöglich«, meinte die erste. »Unsere Löcher sind viel zu klein für dich!«

»Aber ich kann sie doch vergrößern«, schlug Alfred vor.

»Warum bleibst du heute nacht nicht einfach hier bei uns und erzählst morgen, daß Stibitzi den Rubin geklaut hat?«

»Ich sagte doch schon, daß ich das nicht will!«

»Tja dann ...« Die zweite Maus überlegte. »Sollen wir ihm helfen?«

»Also los!« rief die zweite. »Die Kette zuerst.«

»Ich werde sie durchpiepsen!« rief die zweite angeberisch.

»Na ja«, meinte Alfred zweifelnd, »ich glaube nicht, daß es so einfach ist, die Kette durchzuknabbern.«

»Laß mich nur machen!« rief die zweite Maus.

Während sich die beiden Mäuse eifrig bemühten, den armen Alfred von seiner Kette zu befreien, huschte draußen im Schloßhof eine kleine Gestalt umher. Sie schleppte einen schweren Rucksack hinter sich her. Es war Henk. Nach langem Suchen hatte Henk das vergitterte Fenster von Alfreds Gefängniszelle gefunden. Er starrte zwischen den Stäben hindurch in das Innere und rief leise: »Alfred! Alfred! Bist du da?«

»Henk?« antwortete es von unten.

»Ja, ich bin's. Ich wollte dich besuchen, aber der Wärter hat mich nicht hereingelassen!«

»Ich will nicht hierbleiben, Henk!« rief Alfred voller Angst.

»Ich weiß, wie du dich fühlst«, sagte Henk mitleidig, »aber ich konnte heute nichts mehr für dich tun. Wenn sie morgen beim Prozeß hören, daß du es nicht warst, bist du sofort frei!«

»Und wenn sie mir morgen nicht glauben?«

»Sie werden nicht an deiner Unschuld zweifeln, das verspreche ich dir. Ich habe eine Idee, Alfred, laß mich nur machen. Übrigens, ich habe dir etwas Leckeres mitgebracht. Achtung, ich werfe es runter!«

Henk öffnete seinen prallen Rucksack und holte einen Picknickkoffer heraus. Er schob ihn zwischen den Gitterstäben hindurch und ließ ihn hinunterfallen. Krachend fiel der Koffer auf den Fußboden der Zelle und sprang auf. Ein dicker, roter Apfel und Weintrauben waren darin.

»Ich habe noch mehr!« rief Henk. »Geh mal einen Schritt zur Seite.«

Henk versuchte unter Stöhnen und Ächzen und mit Schieben und Drücken den prall gefüllten Rucksack durch die Gitterstäbe hindurch zu zwängen ... da fiel plötzlich ein riesiger, bedrohlicher Schatten auf ihn. Kratznagel! Henk schrie entsetzt auf!

»Ich habe auch fürchterlichen Hunger!« knurrte der Kater böse und packte den armen Henk. Dieser griff schnell in den Rucksack, zog eine Banane hervor, richtete sie auf Kratznagel und rief: »Halt! Oder ich schieße!«

Kratznagel nahm ihm die Banane weg, grinste höhnisch und sagte: »Vielen Dank! Das wird meine Nachspeise! Aber zuerst kommst du dran!«

Henk zitterte vor Angst, er klammerte sich an den Rucksack, er versuchte zu fliehen ... es half nichts! Kratznagel packte ihn bei den Hosenträgern, hob ihn hoch und schwenkte ihn vor seinem gefräßigen Maul hin und her.

»Henk!« schrie Alfred von unten aus Leibeskräften. »Reiß dich los!«

Kratznagel sperrte sein gieriges Maul auf. »Mmm ... Happi! Happi! Happi!« knurrte er, wollte gerade zubeißen ... da rissen die Träger von Henks blauer Arbeitshose, und der Maulwurf fiel in das Verlies hinunter. Er fiel und fiel ...

Hastig schoben die beiden Mäuse den Picknickkoffer hin und her, damit Henk nicht auf den harten Steinboden prallte. KRACH! Henk landete in dem Koffer. Gerettet! Lieber ein paar blaue Flecke, als in Kratznagels Magen landen.

Henk rappelte sich schnell wieder auf und stürzte auf seinen Schützling zu. »Alfred! Alfred! Wie bin ich froh, dich zu sehen!« Die beiden umarmten sich.

»Warum hast du da oben so geschrien?« fragte Alfred. »Wer war bei dir?«

»Das war Kratznagel, der Kater!«

Bei dem Namen »Kratznagel« quiekten die beiden Mäuse voller Entsetzen auf. Kratznagel selber war ausgesperrt, aber er fauchte und tobte oben vor dem Gitterfenster und drohte: »Ich krieg' dich noch, Maulwurf! Warte nur!« Doch er mußte feststellen, daß er nichts, auch gar nichts mehr ausrichten konnte und daß er mit hungrigem Magen würde ins Bett gehen müssen. Knurrend zog er ab.

Unten im Verlies stellte Alfred dem Maulwurf Henk die beiden Mäuse vor: »Das sind meine Freunde, Henk. Die beiden wollten mir helfen zu fliehen.«

»Vielen Dank«, sagte Henk. »Vielen Dank ... euch beiden.«

»Wir konnten die harte Kette leider nicht durchpiepsen«, sagte traurig die erste Maus.

»Und unsere Löcher sind zu klein«, ergänzte die zweite. »Alfred paßt da nicht durch!«

»Es ist egal, wie groß die Löcher sind«, sagte Alfred. Diese Eisenkugel ist so schwer, die kann ich sowieso nie mitschleppen!«

Grimmig schaute Henk die Kugel an: »Die ist grauenvoll!«

»Wir müssen die Gerichtsverhandlung morgen abwarten«, stellte Alfred fest. »Meinst du, der König glaubt mir, daß ich nichts Unrechtes getan habe?«

»Ich überzeuge ihn schon«, meinte Henk zuversichtlich. »Es ist schlimm, aber wir müssen die Wahrheit über Stibitzi erzählen.«

»Nein! Das kannst du nicht machen, Henk!« rief Alfred. »Ich will nicht, daß Stibitzi zum Tode verurteilt wird!«

»Sicher nicht«, sagte Henk beruhigend, »aber wenn eine Elster etwas Glänzendes gestohlen hat, wird die Strafe auch nicht so hart ausfallen, denke ich.«

»Aber ins Gefängnis muß er bestimmt«, befürchtete Alfred.

»Kann schon sein, ja . . .« gab Henk zu.

»Erzähle bitte nichts von Stibitzi!« flehte Alfred.

»Es wäre mir lieber, ich müßte es nicht erzählen, Alfred. Aber wenn ich damit dein Leben rette . . . Schließlich steht fest, daß du den Rubin nicht geklaut hast, und davon müssen wir doch den Richter überzeugen, oder?«

Alfred nickte zustimmend.

»Eine Ente und ein Maulwurf«, flüsterte die erste Maus der zweiten zu. »Was für eine komische Familie ist das denn?«

»Nun, ihr Mäuse«, wandte sich Henk an die beiden. »Könnt ihr mir jetzt eines eurer Löcher zeigen? Ich denke nicht, daß ich Probleme haben werde, hindurchzukriechen.«

»Klar zeigen wir dir das!« riefen die Mäuse.

»Alfred«, sagte Henk im Gehen, »deine Freunde übernachten in einem Hotel in der Nähe vom Schloß, denn sie wollen morgen alle für dich aussagen.«

»Sage ihnen vielen Dank von mir«, sagte Alfred. »Übrigens . . . wo ist Stibitzi?«

»Ich habe keine Ahnung«, mußte Henk zugeben. »Ich glaube, daß er sich hier irgendwo versteckt hält. Aber wo . . . ?«

Wo?

Es gab in dem Schloß von König Richard viele dunkle Gänge, und in den vielen dunklen Gängen standen viele Ritterrüstungen. In dem Kopf von einer dieser Ritterrüstungen saß Stibitzi. Er war völlig verwirrt und ratlos und jammerte: »Oooh, was

soll ich tun? Soll ich mich stellen als der wahre
Dieb oder Alfred den Sündenbock sein lassen?«
Stibitzi war ganz verzweifelt, doch dann faßte er
neuen Mut: »Nein! Nein! Ich will kein Verräter
sein! Niemals!«

Am nächsten Tag fand im Gerichtssaal des Schlosses der Prozeß gegen Alfred J. Kwak statt. Er wurde
von einem grimmig dreinblickenden Wärter aus
seinem Verlies gezerrt.
»Hören Sie!« protestierte Alfred. »Können Sie mich
nicht etwas freundlicher behandeln?«
»Hähä!« gab der Wärter zurück. »Du stirbst heute
sowieso, also warum sollte ich?«
Schließlich saß der immer noch angekettete Alfred
wie ein Häufchen Elend auf der Anklagebank.
Seine Freunde hatten auf der Zuschauerbank Platz
genommen und versuchten ihn aufzumuntern.
»Alfred!« rief Henk. »Alfred, mach dir keine Sorgen,
wir sind in deiner Nähe!«
»Kopf hoch, Alfred!« ließ sich Ollie vernehmen.
»Wir werden für dich aussagen!« versprach ein
Spatz.
»Ruhe im Saal!« brüllte ein Saalwärter. »Das ist ein
ehrwürdiger Ort!« Dann ertönten schmetternde
Fanfaren und der Obergerichtsdiener kündigte an:
»Seine Majestät König Richard der Dritte und sein
Sohn Ferdinand!«
Die beiden nahmen auf ihren hohen Sesseln Platz,
und eine weitere wichtige Persönlichkeit wurde
angekündigt: »Euer Ehren, die Eule, der Richter!«

Als auch die ehrwürdig dreinblickende Eule mit
ihrer weißen Perücke und ihrer Brille auf dem
Richterstuhl Platz genommen hatte, wurde die
Verhandlung als eröffnet erklärt.

Die Eule ergriff das Wort: »Alfred Jodocus Kwak!
Sie werden beschuldigt, den Rubin des Königs gestohlen zu haben. Was können Sie zu Ihrer Vertei-
digung anführen?«

»Ich habe nichts getan, Herr Richter!« sagte Alfred
mit fester Stimme.

»Das heißt, Sie haben diesen Rubin nicht einmal
angerührt?« fragte Richter Eule.

»Nein, Herr Richter!«

»Wie erklären Sie es sich dann, daß dieser Rubin
neben Ihnen gefunden wurde, als man Sie verhaf-
tete?« bohrte die Eule nach.

»Ich ... äh ... weiß es nicht!« gab Alfred zu Antwort. Von der Zuschauerbank ertönte ein aufgereg-
tes Murmeln, und die erste Maus wisperte: »Er
braucht nur Stibitzis Namen zu nennen!«

Der Richter klopfte mit seinem schweren Hammer
auf den Tisch und rief: »Ruhe!«

Dann fuhr er mit der Vernehmung des Angeklag-
ten fort. »Wie konnten Sie diesen Rubin tragen«, er
bückte sich und legte den riesigen Rubin vor sich
auf den Tisch, »ohne ihn anzufassen, Angeklagter
Kwak?«

»Ich sagte bereits, daß ich nichts damit zu tun
habe, wirklich nicht, Euer Ehren!«

»Das stimmt, Herr Richter!« meldete sich Henk zu
Wort. »Alfred hat nichts Unrechtmäßiges getan!«

»Ruhe auf der Zuschauerbank!«befahl Richter Eule. Dann wandte er sich wieder an Alfred. »Dies alles geschieht in Anwesenheit des Königs, Kwak. Sie müssen die Wahrheit sagen!«

»Ich habe nichts gestohlen!« beteuerte Alfred erneut seine Unschuld. »Ich lüge nicht!«

»Ach«, meinte der Richter und hob den Rubin in die Höhe, damit alle im Gerichtssaal ihn sehen konnten, »wollen Sie damit sagen, daß es jemand anders war? Na …? Sie wissen, wer es war, aber Sie wollen seinen Namen nicht nennen?«

Alfred seufzte. Was sollte er sagen?

»Los, Alfred«, versuchte ihn der Richter aufzumuntern, »seien Sie aufrichtig und erzählen Sie es uns. Ich kann verstehen, daß Sie den herrlichen Stein haben wollten, als Sie sahen, wie prächtig er glitzerte!«

Plötzlich schoß von oben ein kleiner Vogel auf den Tisch des Richters herunter, ergriff den Rubin und erhob sich damit in die Luft.

»Stibitzi! Laß das! Stibitziii!« rief Alfred.

Es war tatsächlich Stibitzi. Er kicherte, lachte und kreischte und konnte sich nicht sattsehen an dem herrlichen Juwel. Doch dann verließen ihn seine Kräfte. Der Edelstein war zu schwer für ihn geworden. Er taumelte in der Luft, konnte den Rubin gerade noch halten … und fiel mit ihm direkt in die Teetasse, die vor König Richard auf dem Tisch stand.

Mit spitzen Fingern fischte König Richard den Rubin samt Stibitzi aus seinem Getränk, hielt beides

49

in die Höhe und sagte mit königlicher Würde zu Stibitzi: »Elster! Bist du der wirkliche Dieb?«

»Ja, Majestät!« erwiderte Stibitzi kleinlaut.

»Dann ...« der König blickte zu Alfred hinüber, »dann bist du also nicht schuldig, Ente ...« Alfred seufzte vor Erleichterung tief auf. »... Es ist natürlich, daß eine Elster etwas Glitzerndes nicht liegen lassen kann, aber es wäre unverzeihlich, wenn eine Ente so etwas stiehlt.«

»Das stimmt«, pflichtete ihm Alfred bei. »Aber ich habe ja auch nichts gestohlen!«

»Also?« König Richard wandte sich an die Eule. »Wie lautet ihr Urteil, Herr Richter?«

Die Eule blickte über ihre Brille und sagte: »Alfred Jodocus Kwak wird für unschuldig befunden, und die Elster bekommt eine offizielle königliche Verwarnung.« Richter Eule hielt bei diesen Worten eine gelbe Karte in die Höhe, wie es sonst nur Schiedsrichter bei einem Fußballspiel tun.

»Ja«, sagte der König. »Dem stimme ich zu.«

Und damit war Alfreds Unschuld erwiesen, und er war frei.

In der Schule

Zum Glück ging es in den folgenden Jahren bei Alfreds Geburtstagen nicht ganz so aufregend zu wie bei dem ersten. Alfred verbrachte viel Zeit mit seinen Freunden, vor allem mit Ollie, dem Storch und mit Stibitzi, dem Elsterjungen. Stibitzi hatte sich sehr gebessert und versuchte, nichts mehr mitzunehmen, was ihm nicht gehörte, auch wenn es noch so sehr glitzerte. Nur zwei Freunde von Alfred sonderten sich immer mehr ab, das waren Hannes und Wannes. Sie hatten Freundschaft mit der kleinen, frechen Krähe Kra geschlossen, die Alfred ständig ärgerte. Alfred war traurig darüber, weil er niemandem Böses wollte. Aber er fand sich damit ab. Ihm gefiel es auf der Welt, er und Henk hatten ein gemütliches Zuhause, und jetzt ging er auch schon zur Schule, war also bereits eine große Ente …

Alfred ging gern zur Schule, aber wie alle Schüler hatte er auch gern Ferien, vor allem Sommerferien und Weihnachtsferien. Am Ende der Weihnachtsferien beginnt auch diese Geschichte …

Es hatte die ganze Nacht geschneit, und das Haus von Henk und Alfred bei dem verlassenen Berg-

51

werk brach fast zusammen unter der Schneelast. Henk war als erster aufgestanden und hatte im Herd ein kräftiges Feuer entfacht. Als es überall im Haus gemütlich warm war, ging er nach nebenan, um seinen Schützling zu wecken.

»Alfred, aufwachen! Sonst kommst du zu spät zur Schule. Die Weihnachtsferien sind vorüber! Weißt du, daß es draußen schneit?«

»Schnee?« Alfred steckte verschlafen seinen Kopf unter der Decke hervor.

»Ja! Und wenn du weiterschläfst, kommst du bald nicht mehr zur Tür raus!«

Schnell sprang Alfred aus dem Bett. Er schlüpfte in seine neue Hose, die er von Henk zu Weihnachten bekommen hatte.

»Die Hose sieht aus wie deine«, sagte er.

»Gefällt sie dir?«

»Ja, und ob!«

Anschließend band er sich noch seinen neuen Schal um und betrachtete sich im Spiegel. »Picobello!« Das war seit neuestem Alfreds Lieblingswort.

Dann gab es Frühstück, und anschließend wurde es höchste Zeit für Alfred.

»Halt! Deine Mütze!« rief Henk in der Tür. Er nahm seine Bauarbeitermütze mit den schwarzen Punkten und versuchte, sie Alfred aufzusetzen. Aber er reichte nicht bis hinauf. »Ein Sohn, der größer ist als sein Vater! Nicht zu fassen!«

Alfred grinste. »Ein Vater, der viel kleiner ist als sein Sohn, auch nicht zu fassen!«

»Machst du dich etwa lustig über deinen Ziehva-
ter?« fragte Henk mit gespieltem Ernst.
Lachend schüttelte Alfred den Kopf. »Nein, Henk,
ich finde dich ganz prima, so wie du bist. Mach's
gut, und sieh zu, daß du nicht ganz im Schnee verschwindest! Tschüß!«
»Streng dich an und paß gut auf, hörst du!?« rief
ihm Henk von der Tür aus hinterher.
»Klar doch! Klar doch!«
Da löste sich ein Klumpen Schnee vom Dach und
fiel PLATSCH! auf Henks Kopf. Aber damit nicht
genug. Gerade wollte Henk wieder ins Haus zu-
rückgehen, da traf ihn ein harter Schneeball am
Hinterkopf und ein gemeines, krächzendes Lachen
ertönte: »Kräh! Krah! Hahaha!«
Natürlich wieder dieser freche Kra, und mit dabei
waren Hannes und Wannes, diese Lümmel!
ZACK! Kra hatte wieder einen Schneeball geworfen. Henk rannte hinter ihnen her. »Rotznasen! Bei
allen sieben Maulwurfshügeln! Wartet nur! Euch
kriege ich schon noch!« Doch Henk rutschte auf
dem Schnee aus und fiel auf die Nase. Kra, Hannes
und Wannes entwischten ihm und stürzten sich
auf ihr nächstes Opfer: Alfred, auf dem Weg zur
Schule.
»Kräh! Lalalalalala! Kräh! He, Alfred! He, warte doch
mal, du Maulwurfshaufen!« pöbelte ihn Kra an. »Du
bist doch eine Ente? Wie kann eine Ente der Sohn
eines Maulwurfs sein? Das ist seltsam, sehr seltsam.«
Alfred kümmerte sich nicht um das Geschwätz und

ging schneller. Aber Kra ließ nicht locker. »Alfred ist merkwürdig. Er ist eine Ente und trotzdem der Sohn eines Maulwurfs. Das ist wirklich beknackt. Meint ihr nicht auch, Jungs?«

ZACK! Da wurde auch Alfred von einem Schneeball getroffen. Wütend drehte er sich um.

»Wolltest du etwas sagen, Alfred?« fragte Kra scheinheilig.

»Ja, Kra!« rief Alfred. »Hör auf damit! Hau ab!«

»Aber warum darf man denn nicht die Wahrheit krächzen?«

»Was ist daran komisch, daß Henk mich großgezogen hat?« fragte Alfred erbost.

»Es ist eben komisch!«

»Und warum?«

»Weil ich, Kra, das krächze! Nicht, Freunde?«

»Hähähä!« Hannes und Wannes lachten dümmlich.

Jetzt reichte es Alfred! »Na warte!« Er stürzte sich auf Kra und eine wilde Rauferei begann. Als Kra merkte, daß Alfred stärker war als er, rief er seinen Freunden zu: »Steht nicht so doof rum, Kräh! Schnappt ihn!«

Drei gegen einen! Wie gemein! Alfred hatte keine Chance und bezog eine gehörige Tracht Prügel. Endlich ließen die drei Raufbolde von ihm ab.

»Laß dir das eine Lehre sein!« rief Kra. »Kommt, wir gehen!«

In der ersten Stunde war Geschichte, und Lehrer Bas, ein dicker, freundlicher Hund, erzählte von früher.

»Weiß einer von euch, wie lange es Deichstadt schon gibt?« fragte er. »Ohhh! Niemand? Ollie, du weißt es bestimmt!«

Ollie stand auf und stotterte: »Äh ... äh ... I-ich weiß nur, daß es eine ganz alte Stadt ist.«

»Richtig. Niemand weiß es genau, aber meine Nachforschungen haben ergeben, daß diese Stadt etwa 1500 Jahre alt ist. Im Mittelalter war es eine wohlhabende, freie Stadt. Schaut!« Er deutete mit seinem Zeigestock auf eine Karte an der Wand. »So sah unsere Stadt vor 800 Jahren aus. Damals war die ganze Stadt von hohen Mauern umgeben. Das war die Grenze zwischen der Stadt und den anderen Teilen des Landes. Ist das klar? Früher hat es hier also ganz anders ausgesehen.«

Lehrer Bas holte tief Luft und fuhr dann fort: »Stellen wir uns jetzt einmal vor, wie man damals gelebt hat. Das war nämlich ganz anders als heute. Hier war wahrscheinlich der Markt, auf dem die Bauern ihre Ware den Städtern verkauften. Ihr wißt schon: Kartoffeln, Eier, Karotten, Kohl und so weiter. An den Straßenecken standen Spielmänner, die Heldensagen von Rittern oder traurige Geschichten von Burgfräulein erzählten. Frauen wuschen die Wäsche und tratschten. Priester schritten würdig vorüber. Soldaten kehrten müde von fernen Schlachtfeldern heim. Und Kinder rannten um die Erwachsenen herum und spielten Fangen, so wie ihr heute.«

Interessiert hatte Alfred die alte Karte von Deichstadt angestarrt. Bei dem monotonen Vortrag des

Lehrers war er immer müder geworden, und irgendwann fielen ihm die Augen zu ... Plötzlich fand er sich auf dem Marktplatz einer mittelalterlichen Stadt wieder. Gerade trat ein Spielmann auf und sang für sein interessiertes Publikum ein Lied:

»Kikeriki! Tok-Tok-Tok-Tok!
Bin ich bei dem einen Huhn,
hab' ich Sehnsucht nach dem and'ren.
Bin ich bei dem and'ren,
dann träum' ich von einer Henne,
die ich noch nicht kenne.
Hab' Sehnsucht nach noch mehr,
träum' schon von der, die ich hinterher begehr.
Ich will immer sein, wo ich nicht bin.
Kikeriki! Zufrieden bin ich leider nie.
Was kann ich nur dagegen tun?
Kikeriki! Ich seh' schon wieder ein Huhn!«

Verzückt lauschte Alfred. Plötzlich hörte er, wie eine Stimme seinen Namen rief: »Alfred! Alfred! Schläfst du schon wieder?«

Die Stimme gehörte Lehrer Bas, und Alfred stand nicht auf dem Marktplatz einer mittelalterlichen Stadt, sondern saß ... in seiner Schulbank!

»Nein«, sagte Alfred. »Ich habe dem wunderbaren Lied des Spielmanns zugehört.«

»Das muß ein herrlicher Traum gewesen sein, Alfred. Aber du kannst in der Schule doch nicht einfach einschlafen!«

»Verzeihung, Herr Lehrer!« sagte Alfred, und Bas fuhr in seiner Rede fort.

»Jetzt erzähle ich euch noch etwas über die dunklen Seiten des Mittelalters. Wenn man anders war als andere, wurde man zum Tode verurteilt oder aus der Stadt verbannt. Das ist auch hier in Deichstadt geschehen. Nicht nur die Menschen, die andere Meinungen hatten, wurden verbannt, sondern auch Menschen mit anderen Sitten oder Bräuchen. Hatte jemand zum Beispiel eine andere Haarfarbe, konnte er einfach so aus der Stadt gejagt werden. Ihr könnt euch denken, wie schrecklich das war. Es gab einen Brunnen, etwas außerhalb der Stadt. Dort trafen sich alle verbannten Tiere. Es gibt den Brunnen noch, und man erzählt sich, daß die Seelen der unglücklichen Tiere auch heute noch dort herumirren.«

Kra hatte interessiert zugehört, und als die Schule aus war, begann er aufs Neue, Alfred zu ärgern.

»Dich hätte man damals bestimmt verbannt, du Maulwurfsente!« krächzte er.

»Wenn du nicht aufhörst, geb ich dir eins auf deinen frechen Schnabel!« drohte er.

»Daß ich nicht lache! So eine unausstehliche Ente kann es mit einer waschechten Krähe wie mir doch gar nicht aufnehmen!« höhnte Kra.

Jetzt reichte es Alfred. Er stürzte sich auf Kra und gab ihm kräftig eins auf den Schnabel.

»Du Schuft!« jammerte Kra und hielt sich den Schnabel. »Das zahl ich dir heim, du komischer Maulwurfssohn!«

Plötzlich wurde Alfred stutzig. »Was ist mit deinem Schnabel? Der wird ja gelb!«

»Oh nein!« Erschrocken griff Kra nach seinem Schnabel. Der war nicht mehr krähenschwarz, sondern amselgelb.

»Aha! Schuhcreme!« stellte Alfred verwundert fest. »Hast du deinen Schnabel schwarz angemalt, Kra? Warum hast du das gemacht?«

Kra bedeckte seinen gelben Schnabel mit den Händen und weinte bitterlich. »Lieber sterbe ich! Auaaa! Krächz!« Dann rannte er heulend und schimpfend davon.

»Eine Krähe mit einem gelben Schnabel«, wunderte sich Alfred. Er beschloß, Kra zu folgen. Doch Kra war nicht mehr zu sehen, und das einzige, was Alfred im Schnee fand, waren Fußspuren. »Das sind Fußspuren einer Katze, und noch ganz frisch. Ich hoffe nicht, daß das die Spuren von dem gemeinen Kater Kratznagel sind, dann ist Kra in Gefahr!« murmelte Alfred.

Im alten Brunnen

Kra war zu dem alten Brunnen außerhalb der Stadt gelaufen. Da saß er nun auf dem Brunnenrand, schmierte die gelben Stellen an seinem Schnabel mit schwarzer Schuhcreme ein und jammerte: »Niemand hat meinen gelben Schnabel je gesehen! Und ausgerechnet Alfred muß mein Geheimnis entdecken. Eine Krähe mit einem Amselschnabel – was werden nur die Leute über mich sagen? Und Alfred wird es jedem erzählen, da bin ich mir sicher. Was mache ich nur?«

Plötzlich hatte Kra eine Idee. Und sofort besserte sich seine Stimmung. »Ich hab's! Ehe er alles über mich ausposaunt, werde ich jedem erzählen, daß Alfred ein gemeiner Lügner ist. Daß der Maulwurf Henk gar nicht sein Vater ist, und daß diese Maulwurfsente immer nur Lügenmärchen erzählt, und daß ihm keiner glauben soll. Hä, hä, das hat er sich nun selbst eingebrockt!«

Unterdessen war Alfred auf der Suche nach Kra auch zu dem alten Brunnen gelangt. »Das muß der Brunnen sein, von dem Lehrer Bas erzählt hat«, sagte er zu sich selbst. »He! Ist da jemand? Tatsächlich, da ist ja Kra. Hallo, Kra! Kraaa!«

Als Kra seinen Namen rufen hörte, erschrak er so

sehr, daß er das Gleichgewicht verlor und kopf-
über in den alten Brunnen fiel. Sogleich war Alfred
zur Stelle. Er beugte sich vorsichtig über den Brunnenrand und rief nach unten: »Kra! Bist du in Ordnung?«

»Aua!« hörte er Kra jammern. »Es tut so weh!«

»Hab keine Angst«, beruhigte ihn Alfred. »Ich hole
dich raus!«

Vorsichtig kletterte Alfred auf die Stange, an der
das Brunnenseil befestigt war. Er rollte das Seil ein
Stück ab, warf es hinunter und rief: »Nimm das
Seil, Kra, dann kann ich dich hochziehen! Hörst du
mich, Kra?«

»Das geht nicht, Alfred«, gab Kra zur Antwort. »Mein
Flügel tut so schrecklich weh, ich kann das Seil
nicht greifen!«

»Was ist passiert?« wollte Alfred wissen.

»Ich weiß es nicht! Ich kann den rechten Flügel
nicht mehr bewegen!«

»Wenn du deinen Flügel nicht benutzen kannst,
dann binde doch das Seil um deinen Körper. Dein
linker Flügel ist ja noch in Ordnung, oder?«

»Nein! Nein! Ich schaffe es nicht allein, Alfred! Hol
mich hier raus … bitte!«

Jetzt hatte Alfred eine bessere Idee. Er hielt sich
gut an dem Seil fest und begann, daran hinunter
zu klettern. »Durchhalten!« rief er. »Ich komme!«

«Oh ja, so geht's, Alfred! Krächz! Ich wußte gar
nicht, daß du so tapfer bist. Aber Vorsicht, Alfred,
ich sitze direkt unter dir. Paß auf, daß du nicht auf
mich drauffällst!«

Plötzlich machte es »ratsch«, Alfred schrie auf, und im nächsten Moment war er auch schon auf Kra gelandet.

»Ohhh!« stöhnte dieser. »Willst du mich umbringen?«

Betrübt blickte Alfred nach oben, wo der Rest des Seils langsam hin- und herbaumelte. »Tut mir leid«, sagte er leise, »das Seil ist gerissen!«

Ächzend rappelten sich die beiden wieder auf. Kra blickte Alfred böse an und schimpfte: »Du Tolpatsch! Jetzt tut mein rechter Arm noch mehr weh als vorher. Sicher ist er jetzt gebrochen!«

»Meinst du wirklich? Zeig mal!« Alfred nahm Kras Flügel und bewegte ihn vorsichtig. Kra schrie auf und hielt den Arm seltsam angewinkelt in die Höhe.

»Siehst du, jetzt ist er auch noch steif geworden!«

»Komm, ich mache dir eine Schlinge«, bot Alfred an.

Er nahm seine Hosenträger, band sie Kra um den Hals, und fertig war die Schlinge, in der Kras Arm nun ruhen konnte. Alfred blickte den Brunnenschacht hinauf und überlegte. Dann sagte er: »Es hilft nichts, wir müssen versuchen, hinaufzuklettern.«

»Nein! Nein!« wehrte Kra ab. »Ich nicht! Ich habe einen gebrochenen Flügel und darf ihn nicht bewegen!«

»Gut, dann klettere ich zuerst raus und hole Hilfe. Was sagst du dazu?«

»Was denn? Ganz allein?«

61

»Ich muß!« Alfred war zu allem entschlossen. »Es ist die einzige Lösung.«

Tapferer Alfred! Es war ein hartes Stück Arbeit, das er vor sich hatte. Die Steine waren glatt und rutschig und boten für seine gelben Watschelfüße kaum richtigen Halt. Zentimeter um Zentimeter arbeitete er sich nach oben.

»Tut mir leid«, sagte Kra, als Alfred die ersten Meter geschafft hatte. »Ich würde ja vorgehen, wenn mein Flügel in Ordnung wäre. Aber so . . . Du holst doch auch bestimmt gleich Hilfe, wenn du oben bist, nicht wahr?«

Doch da! Alfreds Hände fanden plötzlich keinen Halt mehr. Er griff ins Leere und stürzte ab. Mutig unternahm er einen zweiten Versuch. Wenn er doch nur das Ende des abgerissenen Seils zu fassen kriegen könnte! Aber so sehr er sich auch abmühte, es gelang nicht. Erschöpft blieb er am Boden liegen.

»Alfred, sei nicht so dumm und hör auf«, riet ihm Kra. »Die Mauer ist viel zu hoch für dich. Das schaffst du nicht! Laß dir was anderes einfallen!«

»Doch! Es muß klappen!« Wieder und wieder versuchte Alfred mit dem Mut der Verzweiflung, den Schacht hinaufzuklettern. Beim zehnten Mal gab er auf.

Kra fror und weinte leise vor sich hin. Alfred versuchte ihn zu trösten: »Sie finden uns bestimmt. Sie werden bestimmt nach uns suchen . . . hoffe ich!«

Hier irrte Alfred. Zwar hatte Henk schon einige

Male nach seinem Schützling Ausschau gehalten, war dann aber immer wieder ins Haus zurück gegangen. »Na ja«, meinte er seufzend, »er wird bestimmt noch in der Schule sein und spielen.«

Dafür suchte jemand ganz anderes nach ihnen ...
Ein häßlicher, fetter Kater kroch durch den Schnee und verfolgte zwei Spuren, die so gut nach Vögeln rochen ... Kratznagel!

Doch solange Alfred und Kra auf dem Grund des Brunnens saßen, waren sie außer Gefahr. Allerdings war es dort unten recht ungemütlich und Kra jammerte, weil er so fror. Bereitwillig legte Alfred ihm seinen Schal um. Da war Kra wieder freundlicher gestimmt und nach einer Weile fragte er leise: »Du wirst es bestimmt jedem erzählen, nicht wahr?«

»Hm? Was meinst du?«

»Das weißt du genau. Du wirst bestimmt jedem erzählen, daß ich einen gelben Schnabel habe.«

»Warum denn? Mir soll es recht sein, daß du einen gelben Schnabel hast.«

»Meine Mutter war nämlich eine Amsel und keine Krähe«, fuhr Kra fort. »Aber ich ... ich bin eine echte Krähe. Ja, das bin ich! Ich will eine echte Krähe sein! Aber sieh dir meinen Schnabel an. Mein blöder Schnabel ist gelb!« Kra begann zu weinen.

»Aber es ist doch nicht schlimm, daß du einen gelben Schnabel hast!« Alfred verstand die ganze Aufregung um den Schnabel nicht.

»Das sagst du, Alfred!« entgegnete Kra. »Wenn die

anderen aber dahinterkommen, daß mein Schnabel gelb ist, dann werden sie mich auslachen und rufen: ›Schaut mal! Da geht eine Krähe mit einem gelben Schnabel!‹«

»Nein, das glaube ich nicht«, meinte Alfred.

»Aber ich räche mich! Ich werde mich an jedem rächen, der mich auslacht, ohne Ausnahme!« Kra redete sich regelrecht in Wut. »Keiner wird über mich lachen, das schwöre ich. Sie werden es alle bereuen! Sie werden zittern und beben vor Angst. Einmal werde ich der Stärkste sein! Ich werde bärenstark werden. Ich werde der Boß sein und die Welt beherrschen!«

Bei seiner Rede hat sich Kra dermaßen aufgeregt, daß er am ganzen Körper zitterte und plötzlich einen Weinkrampf bekam.

Alfred redete besänftigend auf ihn ein: »Ruhig, Kra! Ganz ruhig. Warum sollte man dich denn auslachen, nur weil du einen gelben Schnabel hast? Ich glaube auch nicht, daß du verheimlichen mußt, daß deine Mutter eine Amsel war.«

Kra winkte ärgerlich ab. »Du verstehst mich nicht, Alfred. Du bist ja selbst anders wie die anderen, du bist ja selbst eine komische Ente!«

Alfred versuchte ruhig zu bleiben. »Hör zu, Kra«, sagte er. »Ich mache dir einen Vorschlag. Du verheimlichst deinen gelben Schnabel nicht mehr und versuchst ab jetzt, zu jedem, den du triffst, nett zu sein, dann findet man dich nämlich auch nett. Einverstanden?«

Aber Kra wollte gar nicht nett sein. »Nie!« rief er.

»Ich krieche doch den anderen nicht zu Kreuze! Es ist mir ganz egal, ob sie nett zu mir sind oder nicht. Ich verprügle sie eben, basta, aus. Außerdem will ich kein Wort mehr hören! Du bist sowieso an allem schuld! Du hast diesen ganzen Schlamassel verursacht!«

Henk macht sich Sorgen

Kra hätte mit Alfred bestimmt nicht Streit angefangen, wenn er gewußt hätte, wer sich oben am Brunnenrand das Maul leckte, in Erwartung einer leckeren Mahlzeit. Der gefräßige Kater, Kratznagel! Er war den beiden Spuren gefolgt, hatte Alfreds Mütze gefunden und einen Blick in den Brunnen geworfen.

»Was für ein katzenköstlicher Augenblick!« maunzte Kratznagel. »Eine Ente und eine Krähe! Ich denke, ich verspeise zuerst die knackige Ente und dann als Nachtisch die Krähe! Es ist ewig her, daß ich so etwas Leckeres gerochen habe. Nur ruhig bleiben, Kratz! Das Abendessen kommt bestimmt!«

Da hatte Kratznagel recht. Die beiden saßen schon stundenlang auf dem Grund des Brunnens, ohne daß Hilfe gekommen wäre. Da konnte Kratznagel schon noch ein bißchen abwarten.

Wer aber nicht mehr warten konnte, das war Henk. Er wurde allmählich unruhig. Wo war Alfred bloß abgeblieben? Henk zog sich warm an und stapfte durch den Schnee hinüber zur Schule von Deichstadt. »Wie seltsam«, murmelte er vor sich hin, »so spät ist er noch nie heimgekommen. Es muß etwas passiert sein!«

In Alfreds Klassenzimmer traf er Lehrer Bas. »Oh!«
sagte dieser. »Alle Schüler sind längst zu Hause.«
»Aber Alfred ist noch nicht zu Hause. Warum nur?«
fragte Henk.

»Es tut mir leid, Henk«, meinte Bas, »ich habe keine
Ahnung. Aber du weißt ja, wie das ist. Kinder trö-
deln oft auf dem Nachhauseweg.«

»Das schon«, gab Henk zu, »aber er ist jetzt schon
sehr lange weg, und es ist bereits dunkel draußen.
Also, dann werde ich mal hier in der Gegend nach
Alfred suchen. Danke, Herr Bas.«

»Vielleicht ist er inzwischen ja schon daheim«,
sagte Bas beruhigend. »Ach, Moment mal, Henk,
was ich noch sagen wollte ... Alfred ist heute während des Geschichtsunterrichts eingeschlafen.«

»Oh! Oh! Oh!« Henk schüttelte mißbilligend den
Kopf.

»Sag ihm, daß er in der Schule statt zu schlafen lieber ein bißchen mehr arbeiten soll.«

»Gut, mache ich«, sagte Henk. »Danke und auf
Wiedersehen.«

Bas schaute Henk nachdenklich hinterher. »Das ist
wirklich sehr merkwürdig ... Ein Maulwurf, der
der Vater einer Ente ist. Sachen gibt es ...

»Alfred! Alfred! Aalfreed!« Ziellos rannte Henk in
der Dämmerung über die verschneiten Wiesen
und Felder, um seinen Ziehsohn zu suchen. Der
aber saß immer noch mit Kra am Boden des verlassenen Brunnens und versuchte erneut, an der
Wand hochzuklettern. Aber wie schon zuvor

rutschte er immer wieder ab und landete unsanft auf der Erde. Kra tat gar nichts. Er saß verstört da, jammerte über seinen verletzten Flügel und die Kälte und hatte alle Hoffnung aufgegeben.

»Hör endlich auf, Alfred. Ich habe dir doch gesagt, daß du es nicht schaffst. Gib auf!«

»Du hast recht«, sagte Alfred. »Sicher wird uns auch bald jemand suchen.«

»Pah! Wer sollte uns denn hier suchen? Wer kommt denn aus der Stadt hierher?« fragte Kra. »Ach so, du glaubst natürlich, daß dein Vater dich suchen wird, nicht wahr?«

»Ja, das glaube ich«, antwortete Alfred zuversichtlich.

»Hast du denn so viel Vertrauen zu diesem Maulwurf?«

»Ja! Eine ganze Menge!«

»Wie zu einem richtigen Vater?«

»Ja! Henk ist mein richtiger Vater und manchmal meine richtige Mutter.«

Kra schüttelte verständnislos den Kopf.

»Schwindelst du jetzt oder willst du mich auf den Arm nehmen? Wie kann eine Ente denn glücklich sein mit einem Maulwurf als Vater? Kräh! Nicht zu fassen!«

»Es ist mir egal, ob du es glaubst oder nicht!« Allmählich hatte Alfred genug von Kras Sticheleien, aber Kra ließ nicht locker. »Hör zu, Alfred ... wir sind hier nur zu zweit und können ganz ehrlich zueinander sein. Ich weiß, daß dieser Maulwurf dich großgezogen hat, aber ich halte es für un-

69

möglich, daß eine Ente wie du mit so einem Maulwurf glücklich ist.«

»Doch!« erwiderte Alfred voller Überzeugung. »Ich mache für Henk alles, was ich für einen richtigen Vater auch machen würde.«

Und umgekehrt war es genauso.

Henk gab nämlich die Suche nicht auf. Schließlich gelangte er zu dem Teich außerhalb der Stadt. In seiner Eile verlor er auf dem steilen Ufer das Gleichgewicht, fiel in den Schnee und rollte als dicke Schneekugel auf das glatte Eis des Teiches. In der Mitte des Teiches platzte die Kugel auseinander, und Henk holte sich ein kaltes Hinterteil. Schnell sah er zu, daß er wieder an Land kam, denn das Eis knirschte und knackste verdächtig, und an manchen Stellen zeigten sich schon dicke Risse.

> **Achtung! Brüchiges Eis!**
> **Schlittschuhlaufen**
> **strengstens**
> **verboten!**

Als Henk das Warnschild am Ufer las, überkam ihn ein ungutes Gefühl. »Hoffentlich ist Alfred hier nicht eingebrochen«, überlegte er laut. Aber dann mußte er lachen. »Hahaha! Das wäre ja gar nicht so schlimm. Alfred ist ja eine Ente und kein Maulwurf. Wenn der ins Wasser fällt, wird er kaum er-

trinken können. Aber ...« er kratzte sich hinter
dem Ohr und blickte sich suchend um, »... wo
kann der Kerl bloß stecken?«

Na, wo wohl? Im Brunnen! Allmählich geriet auch
Alfred in Panik. »Hilfe! Ich will hier nicht die ganze
Nacht bleiben!«

Das hörte Kratznagel oben am Rand des Brunnens.
Ihm dauerte das Ganze schon viel zu lange.
»Miooou!« knurrte er. »Warum sitzen die immer
noch im Brunnen? Die können doch nicht ewig da
unten bleiben? Oh, ich sterbe vor Hunger, ich
kann nicht länger warten. Es ist schon längst Es-
senszeit.« Er beugte sich weit über den Brunnenrand. »Nein, nein, das geht nicht. Wenn ich hinun-
terspringe, komme ich nie mehr raus. Kommt endlich weiter rauf, ihr Mistviecher!«

»He!« Alfred lauschte gespannt. »Ich höre da oben
jemanden!«

»Wen denn?«

»Ich weiß nicht, aber ich glaube, ich habe eine
Stimme gehört.«

»Ich habe nichts gehört!« Kra winkte ab.

»Aber ich!« beharrte Alfred.

»Na ja, vielleicht ist es ja dein Vater, der dich hier
draußen sucht!«

»He! Ist da jemand?« Voller Zuversicht blickte
Alfred zu der Öffnung des Brunnens hiauf. »Wir
sind hier unten! Helfen Sie uns raus! Ich bin es,
Alfred!«

»Und Kra ist auch hier!« stimmte Kra mit ein.

Kratznagel oben am Brunnenrand gab sich natürlich nicht zu erkennen und reagierte nicht auf die Rufe der beiden.

»Siehst du, da ist niemand«, sagte Kra ärgerlich. »Hier sucht uns keiner. Warum bist du nur so stur? Ich habe es aufgegeben, ich bleibe heute nacht hier!«

»Aber du bist verletzt!« meinte Alfred besorgt. »Du mußt so schnell wie möglich zu einem Arzt!«

Arzt! Das war das Stichwort für Kra, der sogleich wieder zu jammern begann: »Ah! Das hättest du nicht sagen sollen. Ich hatte es fast vergessen. Mein gebrochener Flügel ... Oh, diese Schmerzen!«

Alfred blickte sehnsüchtig nach oben. »Ich bin mir sicher, daß jemand nach uns sucht, ganz sicher!«

»Halt den Schnabel!« herrschte ihn Kra an. »Ich habe es satt, ständig dieselbe Leier zu hören. Dein Vater kommt nicht! Nie!«

»Glaubst du nicht, daß sich dein Vater auch Sorgen um dich macht?« fragte Alfred. »Und deine Mutter?«

»Laß meine Mutter aus dem Spiel!« schrie ihn Kra an. »Da, schau meinen Schnabel an. Er ist ganz schwarz, krähenschwarz. Kein Amselgelb ist mehr zu sehen. Solange du deinen Mund hältst, wird niemand erfahren, daß ich in Wirklichkeit einen gelben Schnabel habe.«

»Ich werde es ganz bestimmt niemandem erzählen«, versprach Alfred. »Aber ich verstehe nicht, warum du daraus so ein Geheimnis machst!«

»Du hältst schön den Schnabel!« Kra funkelte Alfred böse an.

72

»Es ist nämlich alles noch genauso wie früher!«
»Hä?« Alfred verstand nicht.

»Weißt du noch, was Herr Bas über das Mittelalter erzählt hat? Aber du hast ja geschlafen und nicht alles mitbekommen.«

»Den letzten Teil habe ich mitgekriegt«, sagte Alfred. »Er hat gesagt: »Und jetzt will ich euch noch etwas über einige dunkle Seiten des Mittelalters erzählen. Damals wurde man zum Tode verurteilt oder aus der Stadt verbannt, wenn man andere Ansichten hatte als die anderen. Und nicht nur, wenn man andere Ansichten hatte, sondern auch, wenn man andere Gewohnheiten hatte oder anders aussah.« Das hat Lehrer Bas gesagt«, schloß Alfred.

»So ist es«, meinte Kra gehässig. »Wenn du damals gelebt hättest, hätte man dich getötet oder aus der Stadt verbannt! Stell dir vor ... du stehst vor Gericht und der Richter sagt zu dir: »Alfred Jodocus Kwak, bist du nun ein Maulwurf oder eine Ente? Einige Bürger haben Anzeige erstattet, weil du sie mit deiner ungewöhnlichen Maulwurf-Enten-Verwandtschaft total verwirrst. So eine Maulwurfente paßt nicht in unsere Stadt. Deshalb haben wir beschlossen, Alfred aus Deichstadt zu verbannen. Es ist dir verboten, diese Stadt jemals wieder zu betreten. Verbannt die Maulwurfsente aus Deichstadt!« Und die Leute rufen: »Raus aus der Stadt! Raus aus der Stadt!« Nach diesem Bannfluch hast du natürlich furchtbare Angst bekommen, und die Soldaten zerren dich aus dem Gerichtssaal und führen dich auf einem Wagen ab. Du bist verbannt und irrst ziellos umher, bis du schließlich zu diesem Brunnen kommst. Der Brunnen hier ist der, von dem Lehrer Bas erzählt hat, und der Legende nach spuken die Unglücklichen hier immer noch umher.«

Kra lachte gemein. »Hast du jetzt Angst bekommen, Alfred?«

»Nein … gar nicht …« sagte Alfred zitternd, und sein kleines, tapferes Entenherz klopfte bis zum Hals. »Wirklich nicht!«

»Hörst du?« rief Kra mit unheimlicher Stimme, »die Geister rufen dich!«

»Aaalfreed! Aaalfreed!« ertönte es auf einmal aus der Ferne.

»Ist das echt?« fragte Kra zitternd.

»Ich höre es auch!« Alfred war ebenso erschrocken wie Kra, und er erschrak noch mehr, als er plötzlich wie von unsichtbarer Hand nach oben gezogen wurde.

»W-w-was geschieht mit dir, Alfred?«

»Ich weiß es nicht, Kra! Ich schwebe auf einmal durch die Luft!«

Dafür gab es eine einfache Erklärung. Der gefräßige Kater Kratznagel hatte sich eine Angelrute besorgt und die Schnur in den Brunnenschacht hinuntergelassen.

SCHWUPP! hing Alfred am Haken, und Kratznagel zog ihn nach oben.

»Das läuft ja prima«, lobte er sich selbst. »Hm … mir läuft schon das Wasser im Mund zusammen!«

»Was wollen Sie von mir?« fragte Alfred ängstlich.

»Ich will dich nur hier rausholen«, gab Kratznagel

honigsüß zur Antwort. »Aber du mußt stillhalten!«
»Hier ist noch jemand!« rief Kra von unten.

»Natürlich helfe ich euch beiden«, versprach Kratznagel und zog Alfred über den Brunnenrand. »Und
als Dank dafür werdet ihr meinen Magen füllen!«
Alfred stieß einen gellenden Schrei aus. Jetzt hatte
er Kratznagel erkannt. »Hilfe! Hilfe!«
Der Retter kam in letzter Sekunde. Es war Henk,
der die ganze Zeit über auf der Suche nach seinem
Sohn gewesen war und seinen Namen gerufen
hatte. Seine Stimme war es auch, die Alfred und
Kra vorhin gehört hatten. Henk zögerte nicht lange
und biß Kratznagel mit voller Kraft in den
Schwanz.
Wütend ließ Kratznagel Alfred los und fuhr herum.
»Na, warte, dich kriege ich gleich!« Aber der
schwere, fette Kater verlor das Gleichgewicht und
fiel mit einem Schrei hinunter in den Brunnen –
wo Kra saß. In seiner Todesangst vergaß Kra seinen verletzten Flügel und begann zu klettern. Er
kletterte und kletterte, und Kratznagel kletterte
hinterher.
»Durchhalten, Kra!« ermunterte Alfred seinen Schul-
kameraden. »Gleich hast du es geschafft. Noch ein
Stückchen höher, Kra … gleich bist du oben. Ja,
jetzt nimm meine Hand!«
Alfred streckte die Hand aus. Kra ergriff sie, aber
Kratznagel erwischte ihn am Schwanz. Alfred verlor
auf dem verschneiten Brunnenrand den Halt und
beide plumpsten zurück in den Brunnen.
Kratznagel aber hatte sich ins Freie retten können.

Nun war alles wieder wie vorher. Halt, nicht ganz! Immerhin war Henk zur Stelle. Er lockte mit allen Tricks Kratznagel fort von dem Brunnen. Er narrte ihn, indem er sich maulwurfsflink unter dem Schnee bewegte und Kratznagel nicht wußte, wo er seinen kleinen Gegner suchen sollte. Die Verfolgungsjagd endete schließlich auf dem zugefrorenen Teich. Den leichten Henk trug das Eis, aber nicht den dicken Kratznagel. Die Eisdecke bekam Risse, erst ein paar, dann immer mehr, und schließlich brach Kratznagel ein. Kläglich maunzte er um Hilfe und plantschte wild zwischen den Eisschollen herum. Als er sich dann schlotternd an Land retten konnte, war ihm der Appetit auf Kra und Alfred ziemlich vergangen.

Henk hatte inzwischen Hilfe geholt, und Alfred und Kra wurden aus dem Brunnen gezogen. Kra wurde mit einem Krankenwagen fortgebracht, Henk und Alfred gingen zu Fuß nach Hause.

»Wieso bist du eigentlich in den Brunnen gefallen?« fragte Henk, als sich Alfred aufgewärmt hatte und eine Tasse heißen Kakao schlürfte.

»Kra ist hineingefallen«, antwortete Alfred zwischen zwei Schlucken, »und ich bin ihm nachgesprungen, um ihm zu helfen.«

»Aber wie ist er reingefallen?« bohrte Henk nach. »Es gab doch einen Grund, oder?«

»Tut mir leid, Henk«, wehrte Alfred ab, »aber ich habe Kra versprochen, es niemandem zu erzählen.«

Alfred hielt dicht, aber was tat Kra? Er mußte noch für eine Weile im Krankenhaus liegen und bekam Besuch von Hannes und dem Hasen Schnell.

»Hallo, Jungs!« begrüßte sie Kra.

»Wie geht's dir denn, du Armer?« fragte Hannes mitleidig.

»Man schlägt sich so durch«, erwiderte Kra. »Und was macht Alfred?«

Dem geht's gut«, antwortete Schnell, »er kommt wieder zur Schule.«

»Hat er euch etwas über mich erzählt?« wollte Kra wissen.

»Ja«, sagte Schnell. »Er hat erzählt, daß du gestolpert und in den Brunnen gefallen bist. Stimmt das?«

Kra fuhr wütend aus seinem Bett hoch. »Eine Lüge!«

»Eine Lüge?« wunderte sich Hannes.

»Ja! Ich bin nicht in den Brunnen gefallen. Alfred hat mich geschubst!«

»Oh! So eine Gemeinheit!« Schnell war empört.

»Alfred ist ein gemeiner Kerl und ein Lügenbold dazu«, pflichtete ihm Kra bei. »Hat er sonst noch etwas über mich erzählt?«

Hannes überlegte. »Nein, Kra. Aber warum ist dann Alfred auch in den Brunnen gefallen?«

Kra überlegte kurz. »Er ... äh ... ist gestolpert«, knurrte er, »und ist reingefallen! So war es, jawohl!«

Nur gut, daß Alfred nicht zuhörte, er wäre sicher sehr traurig gewesen. So geriet diese Geschichte allmählich in Vergessenheit, aber Kra hörte nicht auf, Alfred zu ärgern, wo er nur konnte.

Der spannende Wettkampf

In der Schule von Deichstadt wurde nicht nur Rechnen, Schreiben, Lesen und Heimatkunde unterrichtet, auch Sport gehörte dazu. Eines Tages, der Winter war längst vorübr, sagte Lehrer Bas zu seiner Klasse: »Morgen beginnen eure Ferien, aber ich habe noch eine Überraschung für euch. Manche von euch wissen es vielleicht schon ... demnächst findet ein großer Wettkampf statt. Zum ersten Mal wird hier in Deichstadt ein Triathlon für die Jugend stattfinden.«

Begeistert riefen die Schüler durcheinander: »Picobello!«

»Klasse!« »Prima!« »Da mach' ich mit!«

»Ich möchte, daß ihr hart trainiert und fit bleibt, damit ihr bei dem Wettkampf bestehen könnt. Durchhaltevermögen ist dabei nämlich das Wichtigste.« Auf dem Heimweg war der bevorstehende Wettkampf natürlich für alle das Thema Nummer eins. Alfred ging mit Schnell und sagte: »Ich kann leider nicht so gut Radfahren.«

»Mein schwacher Punkt ist Schwimmen«, meinte Schnell. »Aber da bist du ja unschlagbar!«

Alfred lachte. »Schon, aber beim Laufen kann ich es nicht mit dir aufnehmen.«

Da trafen sie Kra und Hannes. Die beiden standen unter einem Baum und tuschelten. »He, Alfred!« rief Kra. »Machst du auch mit bei dem Wettkampf?«
Alfred nickte.

»Glaubst du denn, daß du gewinnen kannst?«

»Ich weiß nicht«, sagte Alfred, »aber ich werde mein Bestes tun.«

»Wenn ich mitmachen würde«, meinte Kra angeberisch, »würde ich bestimmt nicht verlieren.«

»Warum machst du denn nicht mit, Kra?« fragte Schnell harmlos.

»Hast du schon wieder vergessen, daß ich mir den Flügel gebrochen habe?« rief Kra vorwurfsvoll.

»Aber du, Schnell, du machst doch mit, oder?«

»Ja, ich schon«, antwortete Schnell, »aber ich glaube kaum, daß ich gegen Alfred gewinnen kann.«

»Ach, Schnell«, sagte Alfred, »wie kann man das vorher wissen?«

»Eben!« Kra grinste. »Es gibt bestimmt jemanden, der Alfred schlagen kann!«

Am nächsten Morgen setzte Henk seinem Sohn ein kräftiges Frühstück vor. »Lang tüchtig zu«, sagte er. »Nachher beginnen wir mit dem Training. Du bist eine echte Wettrenn-Ente. In diesem Wettkampf wird dich niemand besiegen können! Du mußt an dich glauben. Ich erwarte viel von dir.«

Allerdings, das tat Henk! Zuerst war Schwimmen an der Reihe. Alfred hüpfte in den Fluß und paddelte mit seinen kleinen gelben Schwimmfüßen, was das Zeug hielt. Aber das war für Henk immer noch zu langsam. Er stand auf der Brücke und feuerte Alfred an: »Los, Alfred: Du bist zu langsam! Schneller! Ja, so ist es gut!«

»Schneller!« rief auch Kra, der Hannes beim Laufen trainierte. Kra hatte leicht reden, denn er radelte neben Hannes her. »Schneller, Hannes! Ein bißchen mehr Tempo! Mehr Tempo!«
In diesem Moment kam von hinten Schnell angehoppelt und überholte Hannes mit Leichtigkeit. Das und die Anstrengung des Laufes waren zuviel für Hannes. Er brach zusammen!
»Gib mir etwas Wasser, Kra!« stöhnte er.
»Nein, Hannes!« sagte Kra. »Jetzt nicht, wir sind beim Training. Oder möchtest du gegen Alfred verlieren? Sieh nur, da kommt er schon!«
Nach dem Schwimmen trainierte Alfred nun das Laufen, und Henk fuhr mit seinem kleinen Motorroller neben ihm her. »Eins … zwei! Eins … zwei!« zählte er. »Du mußt stärker mit deinen Flügeln schlagen. Eins … zwei …« Als Henk den erschöpften Hannes am Boden liegen sah, hielt er an. »Was ist los?«
»Nichts, nichts«, entgegnete Kra. »Wir ruhen uns nur aus.«
»Seid vorsichtig«, sagte Henk besorgt. »Es ist sehr heiß heute! Komm, Alfred, wir machen weiter, so lange du noch gut laufen kannst!«
»Wir machen auch weiter!« kommandierte Kra. »Los, Hannes!«
So ging es den ganzen Tag über, und am nächsten

Tag in aller Frühe begann das Training schon wieder. Noch im Morgengrauen hatte Alfred sein
Schwimmpensum geschafft, schwang sich sogleich
auf das Fahrrad und strampelte los. Er begegnete
Hannes, der gemütlich vor sich hin radelte.

»Hallo, Hannes!« rief Alfred freundlich. »Wie
geht's?«

»Ach, ich bin zum Umfallen müde! Gut, daß Kra
heute nicht dabei ist. Deshalb mache ich auch ein
bißchen langsamer.«

»Wie wäre es mit einem kleinen Wettrennen?«
schlug Alfred vor.

»Gegen dich kann ich nicht gewinnen«, meinte
Hannes.

»Ach, komm! Das ist doch nur Training. Niemand
gewinnt oder verliert. Außerdem ist Radfahren gar
nicht meine Stärke.«

»Also!« rief Hannes. »Worauf warten wir noch? Los!«
Eine rasante Jagd begann. Die beiden traten wie
wild in die Pedale und sausten die Straße entlang.
Am Fluß vorbei, zwischen Bäumen hindurch …
Sie legten sich in die Kurve wie richtige Rennfah-
rer und gaben ihr Letztes.

Doch plötzlich passierte es! Alfred hatte gerade
einen kleinen Vorsprung, da berührte Hannes mit
seinem Vorderreifen Alfreds Hinterreifen. Die
Fahrräder stießen gegeneinander und mit Krachen
und Scheppern stürzten die beiden zu Boden.

Alfred hatte nur eine kleine Schramme am Fuß, die
Henk sogleich verband. »Ich bin heilfroh, daß du
nicht schlimmer verletzt bist«, sagte Henk. »So,

fertig. Warum habt ihr das eigentlich gemacht?«
»Ich habe Hannes überredet«, gab Alfred kleinlaut
zu.

»Aber Hannes hat dich doch angefahren?« Alfred
nickte. »Dann seid ihr quitt!«

Kra hatte darauf bestanden, daß Hannes sich vom
Doktor untersuchen ließ. Zum Glück war auch
Hannes nicht ernsthaft verletzt. Als sie die Arztpra-
xis wieder verließen, trafen sie vor der Tür Stampf,
den Elefanten. Er hatte einen verbundenen Rüssel
und trug ihn in der Schlinge.

»He, Stampf!« sagte Kra. »Was ist los mit dir?«

»Ach«, klagte Stampf, »seit die Ferien begonnen haben, fühle ich mich wie ein nasser Lappen«, sagte
Stampf seufzend. »Ich habe überhaupt keine Wi-
derstandskraft mehr. Aber, na ja, es wird jetzt
schon besser. Aber was ist mit dir, Hannes? Bist du
verletzt? Du machst doch bei dem Wettkampf mit,
oder?«

»Natürlich!« gab Hannes zur Antwort. »So schlimm
ist es nicht.«

»Sag mal, Stampf«, fragte Kra betont freundlich. »Du
hast gesagt, daß es dir schon besser geht. Nimmst
du denn eine Medizin?«

»Ja, etwas ganz Neues! Es wirkt Wunder. Sogar der
Doktor hat gestaunt.«

»Soso, und wie heißt das Mittel?« bohrte Kra nach.

Stampf überlegte. »Ich weiß den Namen nicht
mehr, aber ich hole es immer beim Apotheker.«

Stampf verabschiedete sich und wollte das Haus
des Doktors betreten. Und – rumps – rempelte er

den Türstock an. Klar, eine normale Tür und ein dicker Elefant! »Warum bauen die immer Puppenstuben!« hörte man ihn schimpfen. »Kein normaler Elefant mit einem normalen Rüssel kommt hier durch!«

Kein Wunder, daß der arme Stampf den Rüssel in der Schlinge trug!

Nachdem Kra Hannes nach Hause gebracht hatte, eilte er sofort zum Apotheker. Er hielt ihm ein Rezept unter die Nase und sagte: »Guten Morgen, Herr Apotheker. Kann ich dieses Medikament bekommen?«

»Ah, guten Morgen, Kra!« gab der Apotheker zurück. »Zeig mal her ... Hm ... Ich schaue mal nach. Bist du verletzt, Kra?«

»Ich nicht. Es ist für Hannes, meinen Freund Hannes.«

Der Apotheker machte sich daran, die Medizin für Hannes zu mischen. Plötzlich rumpelte es an der Tür, Holz splitterte, und Stampf steckte seinen Kopf herein.

»Immer mit der Ruhe!« sagte der Apotheker. »Erst ist Kra an der Reihe.«

Als Hannes' Arznei fertig war, gab er sie Kra. »So, bitte sehr! Es hat ein wenig länger gedauert.« Dann wandte er sich an Stampf. »Was willst du?«

»Ich möchte meine Medizin abholen. Ich fühle mich zwar schon viel stärker in den letzten Tagen, aber der Doktor hat gesagt, ich soll das Mittel noch eine Weile nehmen.«

»Na schön«, der Apotheker wandte sich seinen

Dosen und Flaschen zu. »Mal sehen ... Wo habe ich es denn? ... Ah, da ist es ja!«

Krähenschwarze Gedanken schossen durch Kras Kopf. Das Mitttel! Das Stärkungsmittel für Stampf! Wenn er das seinem Freund Hannes verabreichen würde, dann ... Kra machte sich sofort auf den Weg zu Stibitzi, den er bei der Wasserpumpe des Stadtbrunnens traf.

»Hallo, Stibitzi!« rief Kra freundlich. »Ich möchte etwas mit dir besprechen.«

Stibitzi erschrak. Er kannte Kra und wußte, daß er etwas im Schilde führte. »Nein, Kra! Ich will kein Dieb sein!«

»Was sagst du da?« fragte Kra höhnisch. »Ein Dieb, der sagt, daß er kein Dieb sein will?«

»Aber ich bin kein Dieb mehr!« verteidigte sich Stibitzi.

»Ach? Ich habe doch gesehen, wie du die Murmeln aus dem Spielzeugladen geklaut hast. Ist denn das kein Diebstahl? Außerdem hast du auch einmal den Rubin des Königs gestohlen. Weißt du übrigens, daß der König auch zu dem Triathlon kommen wird, der demnächst stattfindet? Ich könnte ihm ja erzählen, daß Stibitzi immer noch alles klaut, was glitzert!«

Stibitzi war zu Tode erschrocken. »Das ist nicht wahr! Bitte tu's nicht!« flehte er Kra an. »Was willst du von mir?«

Kra grinste zufrieden. So war's schon besser! »Nun«, sagte er, »wenn du mir einen Gefallen tust, erzähle ich weder dem König noch sonst jemandem etwas.

Also, hör zu ... Für dich ist das ein Kinderspiel.«
Kra zeigte Stibitzi ein Foto. »Das ist die Apotheke.
Das Fenster im ersten Stock ist nie verriegelt. Da
kannst du ohne Probleme reinfliegen.«

»Und was soll ich dort stibitzen?« fragte Stibitzi
ängstlich.

»Das will ich dir sagen. Hör genau zu ...«

Nach ein paar Tagen war Hannes wieder gesund
und konnte weiter trainieren. Er und Kra radelten
in der heißen Sonne Kilometer um Kilometer.
Endlich gelangten sie zu einer Lichtung, wo ein
paar Bäume kühlen Schatten spendeten. Hannes
ließ sich vom Rad ins Gras plumpsen. »Puhhh«
schnaufte er. »Bin ich kaputt!«

»Ach, was!« fuhr in Kra an. »So hart haben wir nun
auch wieder nicht trainiert. Wie kannst du Alfred
jemals besiegen, wenn du gleich schlapp machst?
Und du willst doch gewinnen, oder?«

Hannes nickte.

Da zückte Kra ein kleines Fläschchen und hielt es
Hannes unter die Nase. »Warum schluckst du das
nicht?«

»Was ist das?« fragte Hannes.

»Probier es doch mal«, forderte Kra ihn auf. »Das
gibt dir eine Menge Kraft. Wirklich!«

Gehorsam schluckte Hannes die rosa Pille, die ihm
Kra hinhielt.

»Und? Und?« fragte Kra nervös. »Wie schmeckt's?
Wie fühlst du dich? Ich meine ... spürst du schon
eine Kraft in dir aufsteigen?«

»Nö!« Hannes gähnte und seine Augen fielen halb zu. »Es hat süß geschmeckt und man wird davon müde.«

»Oh, Stibitzi!« schimpfte Kra leise. »Das gibt es doch nicht! Der Apotheker hat diese Pillen vom Regal genommen und Stampf gegeben. Ich habe es ganz genau gesehen.«

Auf einmal geschah etwas sehr Seltsames mit Hannes. Er verdrehte die Augen, begann zu zittern, dann regelrecht zu dampfen, und seine Augäpfel wurden rot und riesengroß.

»Hannes! Was ist?« rief Kra erschrocken.

»Ich weiß es nicht!« stammelte Hannes. »Mir wird so warm, so warm!«

Er sprang drei Meter hoch in die Luft, kam wieder auf dem Boden auf und bewegte seine Beine wie Mühlenräder.

»Ich fühle mich bärenstark!« schrie er. »Ich kann einfach nicht stehenbleiben!«

Kra frohlockte. »Hurra! Es fängt an zu wirken! Wenn du nicht stehenbleiben kannst, dann lauf doch einfach los!«

Hannes sprang noch einmal drei Meter hoch und sauste dann los. So schnell war gewiß in ganz Großwasserland noch niemand gerannt! Man sah von Hannes nur noch eine Staubfahne, die sich in Windeseile über alle Straßen und Wege bewegte. Kra kam mit dem Schauen gar nicht mehr nach.

»Phantastisch!« jubilierte er. »Das Mittel wirkt! Hurra!«

Es klang wie das Quietschen von Autoreifen, als

Hannes nach einer Weile mit quietschenden Turnschuhen neben Kra bremste. »Da bin ich wieder!«

»Du bist großartig, Hannes!« lobte ihn Kra. »Aber versuche es doch auch noch einmal auf dem Fahrrad.«

Gesagt, getan! Hannes hob das Fahrrad vom Boden auf, als wäre es so leicht wie eine Feder, stieg auf und radelte los. So schnell war gewiß in ganz Großwasserland noch niemand Fahrrad gefahren wie Hannes an diesem Tag.

»Geritzt!« Kra triumphierte. »Jetzt kann uns bei dem Wettkampf keiner mehr schlagen!«

Dann kam für Deichstadt der Tag des großen sportlichen Ereignisses. Schon nach wenigen Stunden waren die Zuschauertribünen bis auf den letzten Platz besetzt. Die jungen Athleten hatten sich auf dem Trainingsplatz eingefunden, machten gymnastische Übungen zum Aufwärmen und Lockern der Muskeln und unterhielten sich.

»Ich habe gehört, du hast hart trainiert«, sagte Schnell zu Alfred. »Alle sagen, daß du gewinnst.«

»Das wäre toll«, meinte Alfred. »Aber die anderen sind auch sehr stark, und du hast doch auch hart trainiert, stimmt's?«

Ein wenig abseits stand Kra. Er winkte seinen Freund Hannes zu sich. »Hör zu, du kannst heute zwei Pillen schlucken. Die eine nimmst du vor dem Start, die andere, sobald du dich ein wenig schwächer fühlst. Okay, Hannes?«

Hannes nickte und nahm die Pille. »Gut, daß du

gekommen bist«, flüsterte er. »Ich habe mir schon Sorgen gemacht und dich überall gesucht!«

»Keine Angst«, beruhigte ihn Kra. »Du hast den Sieg schon in der Tasche.« Kra blickte übertrieben freundlich zu Alfred hinüber, winkte und rief: »Hallo, Alfred! Viel Erfolg!«

Alfred winkte zurück. »Danke, Kra!«

Unterdessen war Stampf beim Apotheker erschienen, der gerade die Haustür hinter sich abschloß.

»Gut, daß du mich noch angetroffen hast. Ich wollte gerade zum Triathlon gehen. Also, dann komm schnell rein!«

Das war leichter gesagt als getan, denn als Stampf sich durch die Eingangstür der Apotheke zwängen wollte, blieb er wie stets stecken! Der Apotheker trat an seinen Medizinschrank und nahm das Glas mit den rosa Pillen heraus. Er runzelte die Stirn.

»Was ist das? Das gibt's doch nicht!«

»Was ist denn los, Herr Apotheker?« fragte Stampf und versuchte unter Stöhnen wieder aus dem Türrahmen zu kommen.

»Ein Teil deines Stärkungsmittels ist verschwunden.«

»Aber ich habe seit meinem letzten Besuch von zwei Wochen nichts mehr geholt«, sagte Stampf.

»Das war, als Kra auch hier war. Vielleicht haben Sie in der Zwischenzeit jemand anderem davon verkauft?«

»Ausgeschlossen! Dieses Stärkungsmittel ist nur für Elefanten gedacht, das verkaufe ich nur an dich!«

»Dann ist meine Medizin geklaut worden!«

»Aber warum?« fragte der Apotheker. »Niemand außer dir kann diese Medizin schlucken. Wirklich, Stampf!«

»Also, ich habe sie nicht geklaut!« beteuerte Stampf.

»Übrigens, was passiert denn, wenn jemand anderer als ein Elefant sie schluckt?«

»Ich weiß es nicht genau«, erwiderte der Apotheker, »aber es kann sein, daß sich die Muskeln ausdehnen, und daß man so groß wie ein Elefant wird!«

»Und die Nase wird dann so groß wie mein Rüssel?«

»Ja ...« sagte der Apotheker nachdenklich. »Das ist möglich!«

Auweh! Da hatte die falsche Krähe Kra dem ahnungslosen Freund Hannes ja etwas Schönes eingebrockt!

König Richard hatte es sich nicht nehmen lassen, persönlich zu dem Triathlon zu erscheinen und den Beginn des Wettkampfes zu verkünden. Er hatte zusammen mit seinem Sohn Franz Ferdinand in der Königsloge Platz genommen. Die jungen Sportler standen an der Startlinie bereit und Junker von Puter reichte seiner Majestät ein Gewehr. »Sie warten auf Ihren Startschuß, Hoheit!«

Neugierig nahm Prinz Ferdinand die Waffe in die Hand. »Sind da richtige Kugeln drin?« fragte er.

»Nein, Majestät, nur Platzpatronen.«

»Oh!« meinte der König bedauernd. »Wie langweilig!«

Lehrer Bas stand neben den Läufern und gab das Kommando: »Auf die Plätze . . . . fertig . . .«

PÄNG! Ein Schuß krachte, und augenblicklich rannten die Läufer los, angefeuert von den Zuschauern. Am lautesten schrien Henk, Ollie und die Spatzen: »Alfred! Alfred!« Kra und Wannes schrien für Hannes. Doch Hannes fiel nach den ersten hundert Metern zurück, während Alfred den anderen bereits weit vorausgeeilt war.

Als die ersten Läufer das Stadion verlassen hatten, klärte von Puter seinen König auf: »Die Teilnehmer laufen jetzt zum Wasser und schwimmen ans andere Ufer. Dort stehen ihre Fahrräder bereit, auf denen sie wieder hierher fahren werden.«

»Wie umständlich!« wunderte sich der König. Er hatte leider nicht sehr viel Ahnung vom Sport.

Alfred war als erster am Bootssteg und hüpfte ins Wasser. Mit kräftigen Paddelbewegungen pflügte er durch das Wasser, die anderen in einem gehörigen Abstand hinter ihm her.

Doch was war das? Plötzlich näherte sich von hinten der weit zurückliegende Hannes, schoß an Alfred vorbei wie ein geölter Delphin und erreichte vor ihm das andere Ufer. Mit einem kühnen Satz sprang Hannes aufs Rad und rauschte als erster ins Stadion, dicht gefolgt von Alfred. Es war kaum zu glauben!

Von Puter wandte sich wieder an Ferdinand: »Die Teilnehmer müssen jetzt durch die Stadt radeln und an der Kirche ihre Fahrräder abstellen. Dann müssen sie ins Stadion laufen.«

»Da sollen sie sich aber beeilen, ich will ja was sehen!« bemerkte der König.

Hannes führte immer noch die Gruppe an, dicht gefolgt von Alfred. Kra war schier aus dem Häuschen vor Begeisterung. »Gut so, Hannes!« schrie er. »Gib's ihm!«

Lehrer Bas wackelte erstaunt mit seinem dicken Kopf. »Sieh mal einer an. Hannes liegt vorn! Ich kann's nicht fassen!«

Ein drittes Mal klärte von Puter den König über die Wettkampfregeln auf: »Nach einer Stadionrunde müssen sie noch einmal durch die Stadt und kommen dann wieder hierher zurück. So sollte es jedenfalls sein.«

»Weck mich auf, wenn sie wiederkommen«, gähnte der König.

Die Läufer hatten das Stadion verlassen und rannten die Landstraße entlang. Hier aber wendete sich das Schicksal für Hannes. Seine Kräfte verließen ihn, er wurde langsamer. Erst überholte ihn Alfred, dann überholten ihn die anderen. Schließlich stand Hannes schnaufend und stöhnend allein auf der Straße. Rasch blickte er sich nach allen Seiten um, ob ihn auch niemand sah. Dann griff er unter sein Hemd, holte eine rosa Pille hervor und steckte sie schnell in den Mund. In Sekundenschnelle ging eine spürbare Verwandlung in ihm vor. Seine Kräfte kehrten zurück und er spurtete los, um die anderen Läufer einzuholen.

Diese waren bereits wieder in das Stadion eingelaufen, allen voran Alfred Jodocus Kwak. »Durchhalten! Durchhalten!« rief das begeisterte Publikum. »Noch eine Runde! Schneller! Schneller!«

Nur Kra war alles andere als begeistert. »Hannes, du Blödmann!« schimpfte er. Doch plötzlich strahlte er wieder und schrie: »Gut so, Hannes! Bravo!«

In einem gewaltigen Endspurt holte Hannes abermals auf und überholte alle Läufer, auch Alfred. Schließlich zerriß er als erster das Zielband!

Kra war außer sich vor Freude. Er rannte auf das Feld hinunter, umarmte Hannes und rief immer wieder: »Hurra! Du hast es geschafft, Hannes! Toll! Wunderbar!«

Nachdem nun der Sieger des diesjährigen Triathlons von Deichstadt feststand, meldete sich Lehrer Bas zu Wort. »Wir haben eine wichtige Mitteilung hinsichtlich der Preisverleihung zu machen. Seine Majestät König Richard hat uns wissen lassen, daß er den Pokal dem Gewinner des Jugendtriathlons persönlich überreichen will.«

Das Publikum jubelte und klatschte begeistert Beifall. Hannes, Alfred und Schnell nahmen die ersten, zweiten und dritten Plätze auf dem Siegerpodest ein. Stolz warf sich Hannes an die Brust, als der König höchstpersönlich mit dem Pokal in der Hand auf ihn zutrat. Doch plötzlich wurde ihm sehr komisch zumute. Er spürte, wie sein Schnabel wuchs und wie sein Bauch dicker wurde. Das Wachsen und Anschwellen wollte gar nicht mehr aufhören. Schließlich war Hannes' Schnabel so groß und lang wie ein Elefantenrüssel und sein Entenbauch so dick wie ein Elefantenbauch!

»Herr Apotheker!« rief Stampf auf der Tribüne. »Erinnert Sie das an was?«

»Das darf doch nicht wahr sein!« Der Apotheker hielt sich entsetzt die Augen zu.

Und Hannes selbst hatte vor Schreck geweitete Augen. »Was ist mit meiner Nase los? Was geht hier vor? Was ist mit meinem Schnabel? Hilfe! Hilfe!«

Der Apotheker trat vor den König. »Majestät«, sagte er, »dieser dumme Vogel hier hat ein Stärkungsmittel eingenommen, das nur für Elefanten bestimmt ist. Nur deshalb ist er Sieger geworden, seine Kräfte allein hätten nicht ausgereicht. Es wird einige Zeit dauern, bis er wieder seine normale Größe und Gestalt erreicht. Ich glaube, das ist Strafe genug.«

»Bringt ihn ins Elefantengehege, äh zum Arzt«, entschied der König würdevoll. »Hiermit ist Hannes, der Elefantenvogel, disqualifiziert. Den ersten Platz und damit den Pokal erhält Alfred Jodocus Kwak, die superschnelle Ente.«

»Hurra!« riefen alle. Und Alfred nahm glücklich den Pokal entgegen. »Ich hoffe, daß es Hannes bald wieder gut geht«, sagte er mitfühlend.

Bei der Marine

Jedes Jahr fand auf dem offenen Meer ein Segelwettkampf zwischen Großwasserland und Großspatzenland statt. Hierbei wurden in Großwasserland stets die kräftigsten und tüchtigsten Jungen
zu den Seepfadfindern einberufen. Leider hatten
die Großwasserländer fünfmal hintereinander verloren. Aber diesmal sollten einige Jungen aus
Alfreds Klasse mitmachen. Und Alfred Jodocus
Kwak? War auch er bestimmt worden, um für
Ruhm und Ehre von Großwasserland zu streiten?
Nun, das sollte sich bald herausstellen . . .

Es war an einem schönen Tag im Mai. Henk goß
gerade die Blumen vor dem Haus, als Briefträger
Hase angeradelt kam.
»Morgen, Henk!« rief er vergnügt. »Hier, ein Brief
für dich! Ach, Moment, da ist noch einer. Der ist
für Alfred. Ich glaube, das ist Alfreds Einberufungsbefehl zu den Seepfadfindern.«
Henk trug den Brief hinauf zu Alfred, der mit
einem Eisbeutel auf dem Kopf im Bett lag. Als er
den Brief in den Händen hielt, fuhr er mit einem
freudigen Schrei hoch.
»Nein, Alfred!« Mit sanfter Gewalt drückte ihn Henk

zurück in die Kissen. »Du bleibst im Bett! Du hast noch Fieber.«

»Aber ich muß mich schon übermorgen im Hafen melden!«

»Was? Übermorgen? Das kannst du nicht, Junge. Du bist noch viel zu schwach, um aufzustehen!«

»Ich bin okay!« rief Alfred, sprang aus dem Bett und machte ein paar Turnübungen. »Ich fühle mich prächtig! Siehst du . . . alles in Ordnung! Aaaah!«

Alfred verdrehte die Augen und plumpste zu Boden. Die plötzliche Anstrengung war doch zuviel für ihn gewesen. Henk packte ihn wieder ins Bett.

Wenig später kam Ollie zu einem Krankenbesuch vorbei. »Hallo, Henk! Geht es Alfred schon ein bißchen besser?«

Henk bat ihn herein. »Sollst du dich auch bei den Seepfadfindern melden?« fragte er.

»Ja klar«, antwortete Ollie. »Ich kann es gar nicht erwarten! Du hast doch sicher auch so einen Brief bekommen?« fragte er Alfred, als er das Krankenzimmer betrat.

»Ja«, gab Alfred matt zurück. »Aber ich glaube nicht, daß ich es schaffe. Ich habe immer noch Fieber. Ich geb's auf. Man darf nur zu den Seepfadfindern, wenn man ganz gesund ist. Wir müssen schließlich übermorgen schon am Hafen sein. Nein, das schaffe ich nicht!«

»Wieso übermorgen? Mußt du dich übermorgen schon melden? In meinem Brief steht: am 14., und das ist erst in zwei Wochen.«

»Was? Wieso muß ich dann schon übermorgen

hin?« Alfred las seinen Brief noch einmal genau durch. »Ort: Wasserdamm am Meer«, las er laut vor. »Datum: 4. Mai . . .

»Ja, das ist übermorgen«, gab Ollie zu. Er nahm Alfred den Brief aus der Hand und las selbst. »Halt, Alfred! Hier steht auch »14.«! Die »1« ist nur so schlecht zu lesen, es scheint ein Tippfehler zu sein.«

»Dann hast du ja noch zwei Wochen Zeit«, meinte Henk. »Zwei Wochen, um gesund zu werden. Schaffst du das, Alfred?«

»Aber klar!« rief Alfred, legte sich den Eisbeutel wieder auf den Kopf und fiel ins Kissen zurück. »Ich fange gleich an mit dem Gesundwerden!«

Die Großspatzenländer setzten alles daran, den Wettkampf der Segelschiffe ein sechstes Mal zu gewinnen. Da sie gehört hatten, daß die Großwasserländer eine neue, junge Mannschaft zusammenstellen wollten, schleusten sie einen Agenten ein, einen Spatz namens »Pssst«, der auf dem Segelschiff der Großwasserländer anheuern sollte.

Aber davon ahnte natürlich niemand etwas, vor allem nicht Alfred und seine Kumpels, die schon fieberhaft auf den Tag warteten, an dem sie an Bord gehen durften.

Endlich war es soweit. Man traf sich an der Haltestelle, von wo aus der Bus sie direkt zum Hafen bringen sollte. Ollie war dabei, Schnell, Wannes und ein kleiner, dicker gemütlicher Elefant. Alle freuten sich, daß Alfred wieder gesund war. Er selbst freute sich am allermeisten. »Picobello!« rief er vergnügt. »Jetzt halte ich das allerhärteste Training durch!«

»Ich würde mich nicht so anstrengen, Alfred!« ließ sich da eine krächzende Stimme vernehmen. »Wie kannst du dich nur auf das Training freuen?«

»Hallo, Kra!« rief Alfred zurück. »Was ist mit dir? Es wäre doch schön, wenn du auch mitmachen würdest!«

»Das kann doch wohl nicht dein Ernst sein?« Kra wurde zornig. »Du weißt ganz genau, daß ich ein Training auf See körperlich nicht schaffe. Schließlich war mein Flügel einmal gebrochen, und der Arzt sagt, daß er nicht mehr so wird wie früher. Außerdem hasse ich nichts mehr als Wasser!«

»Tja dann …« Die Jungen waren froh, daß der Bus endlich kam und sie das Gegreine von Kra nicht mehr anhören mußten.

»Achtet auf euer Gepäck«, ermahnte Ollie die anderen.

»Nichts vergessen, hört ihr?«

Mit einem vierfachen »Picobello!« stürmten Ollie, Alfred, Schnell und Wannes den Bus. Ärgerlich sah ihnen Kra zu. Er wollte nicht zugeben, daß er selbst gern mitgefahren wäre, und rief ihnen hinterher: »Paßt auf, daß euer Schiff nicht untergeht!« Doch dann, dann fügte er mit einem leisen Schniefen hinzu: »Schade.«

Unterwegs stieg ein Spatz mit Mantel, Hut und dunkler Brille zu. Es war Agent Pssst, der sich kurz zuvor am Strand mit dem Kraken Lispel getroffen hatte. Von Lispel sollte Pssst alle seine Anweisungen erhalten, dazu hatte ihm Lispel ein Sprechfunkgerät gegeben. Auch seinen Decknamen erfuhr Pssst von Lispel: »Peter«. Obendrein händigte Lispel »Peter« einen gefälschten Einberufungsbefehl aus und schickte ihn zu der Bushaltestelle, wo er von dem Bus mit den Großwasserländer Seepfadfindern mitgenommen wurde.

Pssst setzte sich neben Alfred und fragte übertrieben freundlich: »Hallo, du! Fährst du auch zum Hafen?«

»Ja«, antwortete Alfred. »Ich gehe zur Marine.«

»Zu den Seepfadfindern vielleicht?«

Alfred nickte. »Ja, genau! Du auch?«

»Ja, ja«, sagte Pssst, »so ist es. Darf ich mich vorstellen? Ich heiße Peter.«

»Freut mich«, sagte Alfred. »Darf ich vorstellen? Meine Freunde Ollie und Schnell.«

Mit Schwatzen und Lachen verging die Fahrt wie im Flug, und endlich war die Seepfadfindergesellschaft am Hafen angelangt.

An der Hafenmole verließen sie den Bus, wo sie bereits von einem Affen mit roter Uniform und weißer Mütze erwartet wurden. Die Jungen aus Großwasserland stellten sich in einer Reihe auf und der Affe hielt eine Rede an seine zukünftige Mannschaft.

»Ich bin euer Kommandant, Oberst Ramknall. Ihr stecht morgen in See. Wir machen dann eine Übung, um herauszufinden, ob ihr als Seepfadfinder geeignet seid. Ich sage euch gleich, daß das Training hart sein wird. Aber jeder, der durchhält, erhält eine besondere Belohnung.«

»Oh! Ah!« murmelten die Pfadfinder.

»Nein, nein, es ist nichts zum Kaufen«, klärte sie Ramknall auf, »sondern eine große Ehre.« Er drehte sich zur Seite und zeigte auf ein riesiges Segelschiff, das alle seine Segel gesetzt hatte und an der Mole vertäut war.

»Wie ihr seht«, fuhr Ramknall fort, »ist das Schiff, das dort vor Anker liegt, das schönste Schiff, das Großwasserland jemals besessen hat. Dieses Schiff trägt den Namen »Seewolf«. Euer Training findet an Bord dieses Schiffes statt. Wenn ihr alles richtig macht, dürft ihr an dem Segelwettkampf gegen Großspatzenland teilnehmen. Fünfmal hintereinander haben wir verloren. Das soll nicht mehr vorkommen. Also, ich frage euch, ihr Seepfadfinder ... wollt ihr euer Bestes geben?«

»Ja!« erscholl es aus lauten Kehlen. »Das wollen wir! Aye! Aye!«

Am Abend des ersten Tages fielen die jungen Seepfadfinder nach dem Dienst erschöpft in ihre Stockbetten unter Deck des Segelschiffes.

»Puh!« stöhnte Alfred. »Das war ein hartes Training, nicht wahr?«

»Oh, ja!« meinte Ollie zustimmend. »Ich weiß nicht, ob ich das schaffen kann. Ich möchte ja gern mitmachen, aber ...«

Alfred Jodocus Kwak platzte fast vor Energie. »Denen werde ich zeigen, daß ich gut genug bin für den Wettkampf! Hör zu, Ollie, wir beide geben unser Bestes, abgemacht?«

Ollie wollte gerade etwas sagen, da ertönte von draußen das Zapfenstreichsignal des Trompeters. Im selben Moment ging die Tür auf und der Ausbilder, ein Matrose mit blauer Hose und weißer Mütze, betrat den Schlafsaal.

»So, Leute!« rief er. »Zeit zum Schlafen. Los, Jungs, ab in die Koje!« Plötzlich entdeckte er ein leeres Bett. »Nanu?« wunderte er sich. »Warum liegt denn hier niemand? Wer schläft hier? Antwortet!«

In diesem Moment kam der kleine Agent Pssst hereingetrippelt, der sich »Peter« nannte. »Oh, Verzeihung«, sagte er, »ich war noch kurz auf dem Klo!« Schnell schlüpfte er aus dem Mantel, kroch in seine Koje und deckte sich zu.

»Hört zu, ihr Küken!« sagte der Ausbilder mit strenger Stimme. »Ihr habt im Bett zu liegen, wenn das Licht aus ist. Verstanden?« Mit diesen Worten löschte er das Licht. Der erste Tag an Bord der »Seewolf« war zu Ende.

Doch die Nacht an Bord der »Seewolf« war auch bald zu Ende. Kaum ging die Sonne im Osten auf, da ertönte schon der Trompetenstoß zum Wecken, und der Ausbildermatrose stürmte in die Kabine der Jungen von Großwasserland.

»Guten Morgen, Pfadfinder!« rief er. »Aufwachen! Aufwachen!« Er zog den noch tief und fest schlummernden Jungen die Bettdecken weg. Als Alfred dran war, murmelte der verschlafen: »Wir haben heute keine Schule, Henk!« Ein Blick auf den Ausbilder genügte, und er sauste mit einem »Guten Morgen« wie ein geölter Blitz aus den Federn.

Nach dem Frühstück stand ein Dauerlauf an Deck auf dem Programm, und auf den Dauerlauf folgte Rudern. Die Jungen legten sich mächtig ins Zeug, aber dem Ausbilder ging es immer noch zu langsam.

»He, du! Storch!« rief er. »Schneller rudern! Du auch, Ente! Nicht so faul sein, Hase! Los, rudern!«

Oberst Ramknall und Kapitän Stoppel sahen von Deck aus zu. Als die jungen Seepfadfinder wieder an Bord gegangen waren, stellten sie sich in einer Reihe auf und Ramknall sagte: »Jungs, ich möchte euch Kapitän Stoppel vorstellen!«

»Hallo! Willkommen auf der »Seewolf«!« begrüßte sie der Kapitän. »Ich hoffe, daß ihr das harte Training gut übersteht und echte Seepfadfinder werdet. In zehn Tagen sticht dieses Schiff in See für den Wettkampf gegen Großspatzenland. Ich erwarte, daß ihr euer Bestes gebt! So, und jetzt kann es richtig losgehen. Mein erster Befehl: Deck schrubben!«

Während sich die jungen Seepfadfinder daran machten, mit Bürsten, Seife und Wasser die Decksplanken zu schrubben, gingen der Kapitän und der Oberst hinauf auf die Kommandobrücke. Voller Stolz ließ Stoppel seinen Blick über die Instrumente wandern.

»Dies ist ein wundervolles Schiff«, sagte er. »Die Segel gehen auf Knopfdruck hoch und runter. Alles geht automatisch.«

»Alles computergesteuert, nicht wahr?« fragte Ramknall.

»Ganz und gar. Das Schiff kann sich allen Wetterverhältnissen anpassen.«

»Dieses Jahr müssen wir unbedingt gewinnen!«

»Ganz meine Meinung, Ramknall! Wenn uns Hannibal noch sein Geheimgerät bringt, dann werden wir Großspatzenland mit Sicherheit besiegen!«

»Was für ein Gerät?« fragte Ramknall.

»Ja, das weiß ich auch nicht«, gab Kapitän Stoppel zu. »Er wird es uns erklären, wenn es an Bord installiert wird. Auf jeden Fall werden damit unsere Gewinnchancen sprunghaft ansteigen!«

Das Gespräch der beiden wurde von einem kleinen Seepfadfinder unterbrochen. Er trug wie seine Kameraden eine weiße Matrosenmütze und obendrein eine dunkle Brille. Es war Pssst, der sich »Peter« nannte, und sich mit seiner Bürste auf dem Boden der Kommandobrücke nützlich machte.

»He! Du da!« rief Ramknall.

»Herr Kommandant?«

»Was hast du hier zu suchen?«

»Ich schrubbe, Herr Kommandant!« gab Pssst zur Antwort.

»Wer hat dir aufgetragen, hier zu schrubben? Du brauchst nur das Außendeck zu machen. Geh hinunter, da draußen arbeiten die anderen!«

Hurtig machte sich der Spion aus Großspatzenland aus dem Staub. Er hatte wichtige Informationen erhalten. Ein Geheimgerät an Bord der »Seewolf«? Das war ja sehr interessant! Nach dem Deckschrubben ließ der Ausbildermatrose seine junge Mannschaft antreten. »Nächste Übung!« rief er. Daraufhin kletterte ein anderer Matrose in die Wanten, stieg bis hinauf in den Ausguck, und kletterte behende wieder herunter.

»So!« sagte der Ausbilder. »Jetzt will ich, daß ihr das gleiche tut, einer nach dem anderen. Wer geht zuerst nach oben?«

Die Seepfadfinder blickten einander erschrocken an.

»Was ist denn?« fragte der Ausbilder. »Ihr habt doch nicht etwa Angst? Los, wer geht zuerst? Du, Ollie?«

Ollie zuckte zusammen. Er sauste davon und die anderen hinter ihm her. Zurück blieb nur Alfred Jodocus Kwak.

»Ah, du, Alfred!« sagte der Ausbilder erfreut. »Sehr gut, du gehst zuerst. Also los, Junge!«

Alfred wurde es ganz anders, als er in die Höhe blickte. Von hier unten sah alles so furchtbar hoch aus, vor allem für eine kleine Ente wie ihn. Aber er schluckte tapfer, dachte einfach nicht an das seltsame, flaue Gefühl in seinem Magen und begann zu klettern. Er stellte sich aber nicht sehr geschickt an. Zweimal rutschte er ab, baumelte hin und her und ruderte wie wild mit den Füßen in der Luft. Die anderen lachten.

»Was gibt es da zu lachen?« fragte der Ausbilder. »Das kann jedem passieren, euch auch. Okay ... Ollie, komm mal her!«

Ollie klapperte vor Schreck mit dem Schnabel.

»Ollie, du kletterst in den Fockmast. Und Wannes

... du ... du versteckst dich jetzt nicht, sondern beziehst Stellung auf der Rah. Verstanden? Also los!«

»Jawohl!« sagten die beiden in ihr Schicksal ergeben und kletterten los. Sie, die vorher über Alfred gelacht hatten, mußten nun selbst feststellen, daß es gar nicht so leicht war, über eine wackelige Strickleiter nach oben zu steigen. Der Ausbilder sparte auch nicht mit kritischen Bemerkungen.

»He! Warum seid ihr noch nicht oben?« rief er. »Los, wir haben nicht den ganzen Tag Zeit, Wannes! Ollie, du darfst das Seil nicht durcheinanderbringen, du kommst sonst nicht mehr raus! He, Alfred! Nicht in das Seil beißen, sonst reißt es noch!«

Endlich hatten Alfred, Ollie und Wannes die Übung mit Erfolg hinter sich gebracht und landeten wieder wohlbehalten auf Deck.

»Und nun, Matrosen«, der Ausbilder führte seine Mannschaft die Treppe hinunter, »zeige ich euch die Küche, »Kombüse« genannt. Ich möchte, daß ihr alle der Reihe nach beim Kochen und Spülen helft. Ihr könnt doch sicher Kartoffeln schälen und Geschirr abspülen, oder?«

Die jungen Seepfadfinder nickten.

»Anschließend ist der Dienst für heute beendet. Folgt mir, ich führe euch jetzt in eure Kajüte, wo ihr ab heute schlafen werdet.«

Schlafen? Die Jungen aus Großwasserland blickten sich fragend in dem großen Raum um, in die sie ihr Ausbilder geführt hatte. Nirgendwo waren Betten zu sehen.

Der kleine Pssst faßte sich als erster ein Herz und
fragte: »Äh ... Sir, ... müssen wir hier auf dem Boden schlafen?«

»Nein! Nein!« meinte der Ausbilder schmunzelnd.
»Dort in der Ecke liegen aufgerollte Hängematten.
Man muß sie nur auseinanderrollen und an den
Haken in der Wand festmachen. Kapiert?«

»Kapiert!« rief Alfred fröhlich. »In einer Hängematte
wollte ich schon immer einmal schlafen. Picobello!«

Nach dem Abendessen fielen die jungen Seepfadfinder todmüde in ihre Hängematten und schliefen sofort ein. Alle? Nein, der falsche »Peter« trieb
sich noch auf den Gängen herum. Als er schließlich in die Schlafkajüte gehopst kam, wurde Alfred
wach. »Wo gehst du hin, Peter?« fragte er. »Aufs
Klo?«

»J-j-ja!« stotterte Spion Pssst. »Ich muß immer noch
mal aufs Klo, dann kann ich erst richtig schlafen.«

Pssst krabbelte in seine Hängematte, deckte sich
zu und dachte: Oh! Oh! Oh! Ich muß verdammt
gut aufpassen!

Am nächsten Morgen sollte die »Seewolf« zu ihrer
ersten Fahrt auslaufen. Die Mannschaft hatte sich
an Deck versammelt, und Kapitän Stoppel gab auf
der Brücke die Kommandos in den Bordcomputer
ein.

»Anker lichten! Segel setzen! Volle Kraft voraus!«
Wie von Geisterhand bewegt, wurden alle Befehle
befolgt, und die »Seewolf« nahm Kurs auf die

offene See. Ein starker Wind kam auf, und die Jungmatrosen wurden allesamt ein wenig grün im Gesicht. Deshalb rief sie Oberst Ramknall zu sich und sagte: »Unser Schiff wird vorläufig in diesem Gebiet hier kreuzen. Es wird ein wenig hin- und herschaukeln. Drum läßt es sich nicht vermeiden, daß einige von euch seekrank werden, aber ich versichere euch, daß ihr euch in ein paar Tagen daran gewöhnen werdet.«

In der Kapitänskajüte fand anschließend eine höchst wichtige, geheime Besprechung statt, an der Kapitän Stoppel, Oberst Ramknall und Hannibal teilnahmen, der vor kurzem an Bord gekommen war. »Hannibal hat soeben das geheime Sonarsystem installiert«, erklärte der Kapitän seinem Erstem Offizier.

»Entschuldigen Sie, Käpt'n«, fragte Ramknall, »aber was macht dieses Sonarsystem?«

»Es ist eine Art Magnet«, sagte Hannibal. »Dieses System befähigt uns, in der Nähe des Gegners zu bleiben, damit wir nicht so weit zurückliegen. Auf diese Weise ist es ein Kinderspiel, mit dem Gegner auf einer Höhe zu bleiben, und wir brauchen ihn dann nur kurz vor dem Ziel zu überholen.«

Ramknall schüttelte den Kopf und sagte: »Na ja ... ich finde das nicht sehr fair. Ich finde das unsportlich! Sehr, sehr unsportlich, meine Herren!«

»Aber wir haben keine andere Wahl!« rief Stoppel. »Es bleibt uns gar nichts anderes übrig, wir müssen um jeden Preis gewinnen. Unser Ruf steht auf dem Spiel!«

Keiner der drei wußte, daß Spion Pssst draußen vor der Tür lauschte und jedes Wort mitbekommen hatte, das gesprochen worden war. Gerade wollte er sich leise davonstehlen, als ein furchtbar seekranker Alfred Jodocus Kwak den Gang entlanggetorkelt kam. Der falsche »Peter« nahm schleunigst reißaus, verlor dabei aber das Sprechfunkgerät, das er von Lispel erhalten hatte. Ganz automatisch hob Alfred das Gerät vom Boden auf, ging in die Kajüte der Seepfadfinder und legte sich in seine Hängematte. Ruhen! Er wollte nur ruhen, ihm war sooo schlecht! Kaum war er eingeschlafen, ertönte aus dem Sprechfunkgerät eine knarzige Stimme: »Hier ist Lispel ... hier ist Lispel! Kannst du mich hören, Peter? Hier Lispel!«

Zufällig ging auf dem Gang gerade der Ausbildermatrose vorbei. Er vernahm die fremde Stimme aus der Kajüte, ging hinein ... und fand Alfred in seiner Hängematte liegend, ein Sprechfunkgerät in der Hand, aus dem es tönte: »Peter, melde dich! Hier ist Lispel!«

»Alfred Kwak!« Der Ausbilder war außer sich. »Du bist ein Spion? Nicht zu fassen! Von dir hätte ich das nicht gedacht!«

Alfred mochte noch so sehr seine Unschuld beteuern, der Matrose glaubte ihm nicht. Die Beweise waren zu erdrückend. Er packte den armen Alfred am Kragen und sperrte ihn in einen leeren Lagerraum. RUMMS! fiel die Tür ins Schloß. Alfred hämmerte von innen dagegen, er jammerte und flehte und rief immer wieder: »Das ist ein Irrtum,

Herr Offizier! Ich bin kein Spion! So glauben Sie
mir doch! Ich bin kein Spion! Machen Sie doch die
Tür auf!«

Aber die Tür blieb verschlossen und Alfred Kwak
war eingesperrt.

Der Spion

Kapitän Stoppel, Oberst Ramknall, Hannibal und der Ausbildermatrose saßen in der Kapitänskajüte und sprachen über den Vorfall. Hannibal besah sich das kleine Sprechfunkgerät von allen Seiten und sagte dann: »Dieses Ding wurde in Großspatzenland hergestellt.«

»Die hinterhältige Ente ist ein Spion, den sie uns geschickt haben!« rief der Matrose empört.

»Ich kann es einfach nicht glauben.« Ramknall schüttelte den Kopf.

»Aber Alfred hatte den Sender doch bei sich, als er in der Hängematte lag!«

»Trotzdem« wandte Ramknall ein, »ich möchte ihn in dieser Sache selbst verhören.«

»Ich vermute«, sagte Hannibal, »daß sie es auf unser Sonarsystem abgesehen haben.«

»Das ist … das ist …« Kapitän Stoppel rang nach Worten, »das ist sehr, sehr ärgerlich. Sie werden versuchen, uns zu sabotieren.«

»Aber wie können sie wissen, daß wir das Sonarsystem an Bord haben?« fragte Ramknall.

»Nun, sie haben wahrscheinlich gehört, daß wir die Regatta dieses Jahr unbedingt gewinnen wollen«, antwortete Stoppel.

111

»Also gehen sie davon aus, daß wir uns irgendeinen Streich ausdenken.«

Der Matrose räusperte sich, als wollte er etwas sagen.

»Was ist?« fragte Ramknall.

»Haben Sie das Sonarsystem irgendwo in der Kabine?«

»Warum willst du das wissen?« fuhr in Ramknall an. »Das geht dich nichts an. Deine Aufgabe ist das Training der Kinder und sonst nichts. So, und jetzt werde ich mir diesen Alfred vorknöpfen. Komm mit, Matrose.«

Die beiden gingen zu Alfreds Gefängnis an Bord, der Matrose sperrte die Tür auf, und Ramknall betrat den Raum. Aufgeregt hüpfte Alfred auf ihn zu und rief: »Das muß ein Irrtum sein! Ich bin kein Spion, wirklich nicht!«

»Ja, ja, nicht aufregen. Wenn du kein Spion bist, warum hattest du dann den Sender bei dir?«

»Ich habe ihn gefunden, Herr Kommandant! Direkt vor der Kapitänskajüte!« sagte Alfred eifrig. »Ich kam ganz zufällig vorbei. Ich war seekrank und watschelte einfach so auf dem Schiff herum.«

»Seepfadfinder Kwak!« Die Stimme von Oberst Ramknall wurde ernst. »Du möchtest doch auch, daß die »Seewolf« das Rennen dieses Jahr gewinnt, oder nicht?«

»Natürlich, Herr Kommandant!« beeilte sich Alfred zu sagen. »Ich hoffe wirklich, daß unser Schiff gewinnen wird!«

»Lügner! Du hast versucht, Großspatzenland zu

helfen, damit sie gewinnen!« Oberst Ramknall machte kehrt und ging hinaus. Draußen an Deck wurde Alfred von seinen Kameraden bereits vermißt. Ollie und Schnell überlegten, wo ihr Freund bloß geblieben sein könnte.

»Ich habe ihn überall gesucht«, sagte Ollie. »Seit er gesagt hat, daß er seekrank ist und sich hinlegen will, habe ich ihn nicht mehr gesehen.«

»In seiner Kajüte ist er nicht«, sagte Schnell. »Ich habe in seiner Hängematte nachgesehen. Hoffentlich ist er nicht über Bord gefallen! Das Schiff hatte starken Seegang.«

Plötzlich kamen die anderen Seepfadfinder angerannt.

»Seht nur!« rief Wannes. »Da fährt noch ein Segelschiff!«

Ein großes, prächtiges Schiff näherte sich ihnen. Es hatte alle Segel gesetzt und pflügte mit großer Geschwindigkeit durch das Wasser.

»Das ist das Schiff von Großspatzenland«, erklärte Oberst Ramknall, der hinzugekommen war. »Es sieht ziemlich schnell aus, und wir müssen auf der Hut sein.«

Er wandte sich an die jungen Seepfadfinder. »Dieses Schiff sieht prima aus, das muß ich zugeben. Aber ich bin davon überzeugt, daß wir dieses Jahr gewinnen werden. Ihr dürft alle mitmachen, bis auf diese Ente. Sie wird nicht am Rennen teilnehmen!«

Die Seepfadfinder blickten einander verwundert an.

»Was meinen Sie mit ›bis auf diese Ente‹?« fragte Ollie.

»Tja ...« Ramknall blickte in die Runde. »Das muß ich euch noch erzählen. Alfred Kwak steht im Verdacht, ein Spion von Großspatzenland zu sein.«

»Was?« »Das ist unmöglich!« »Niemals!« Alfreds Freunde schnatterten aufgeregt durcheinander.

»Ruhe!« rief der Oberst. »Alfred streitet bis jetzt alle Anschuldigungen ab, also werde ich ihn weiter verhören müssen!«

An einer ganz bestimmten, abgelegenen Stelle am Strand landete ein Hubschrauber aus Großspatzenland. Ein Spatzenoffizier stieg aus, um sich mit dem Kraken Lispel zu treffen. Lispel hatte jedoch schlechte Nachrichten. »Ich kann Peter nicht erreichen«, beklagte er sich. »Vielleicht ist er verhaftet worden? Vielleicht ist aber auch nur der Sender kaputt?«

»Unsinn! Das ist unmöglich!« widersprach der Offizier. »Alles was in Großspatzenland hergestellt wird, ist technisch perfekt. Wir müssen etwas unternehmen, in fünf Tagen ist die Regatta. Unser Schiff liegt bereits im Marinehafen.«

»Wir haben mittlerweile herausgefunden, daß die ›Seewolf‹ mit einem modernen Sonarsystem ausgestattet ist«, sagte der widerliche Krake.

»Zerstöre es!« befahl der Offizier. »Es ist mir egal, wie du es machst, aber zerstöre es! Wenn du das getan hast, will ich, daß du dies hier ...« er nahm eine verkorkte Flasche aus der Tasche, »an Bord bringst, so nah wie möglich an die Seitenplanken des Schiffes. Wir könnten sie zwar in die Luft jagen, weil sie nicht fair spielen, aber mir ist es lieber, wenn diese Holzwürmer die Arbeit für uns machen. Das ist unauffälliger.« Er entkorkte die Flasche und legte sie auf den Boden. Augenblicklich kam ein Trupp Holzwürmer im Gleichschritt herausmarschiert. »Stillgestanden! Rechts um!« befahl ihr Anführer und salutierte vor dem Offizier. Dieser grüßte ebenfalls und befahl: »Es ist euer Auftrag, Löcher in das feindliche Schiff zu knabbern, Kommandant! Und jetzt kehrt marsch!«

»Phantastisch!« murmelte Lispel.

Die Würmer marschierten zurück in die Flasche, und der Offizier verkorkte sie wieder. Dann sagte er zu Lispel: »Ich werde dich näher an die »Seewolf« heranbringen, Lispel. Komm, wir gehen an Bord meines Hubschraubers.«

Als die Nacht hereingebrochen war, machte sich jemand an der Ankertrosse der »Seewolf« zu schaffen, die im Hafen lag. Es war Lispel. Leise war er unter Wasser zu dem Schiff geschwommen und begann nun an der Ankerkette hinaufzuklettern. Mit einem seiner vielen Arme bekam er ein Tau zu fassen, mit dem das Schiff am Kai festgemacht war, und so hangelte er sich langsam nach oben. Niemand bemerkte ihn. Niemand? Doch! Alfred Jodocus Kwak wurde auf Lispel aufmerksam, als dieser vor seinem Fenster vorbeikletterte. Aber Alfred konnte niemanden warnen, weil er eingesperrt war.

Ollie und Schnell lagen in ihren Hängematten und konnten nicht schlafen. Sie mußten immerzu an Alfred denken.

»Was meinst du«, sagte Ollie, »sollen wir ihn suchen gehen?«

»Weißt du denn, wo er steckt?«

»Ich glaube, ich weiß es. Ich bin nämlich Oberst Ramknall heimlich gefolgt.«

»Na, worauf warten wir dann noch?« Schnell sprang aus seiner Hängematte. »Los, gehen wir!«

Auf leisen Sohlen schlichen die beiden aus der Kajüte und hinaus auf den Gang. Sie wußten aber nicht, daß jemand sie belauscht hatte und ihnen jetzt unbemerkt folgte. Es war Pssst, der Spion aus Großspatzenland, der sich »Peter« nannte.

Ollie und Schnell gelangten unbemerkt bis zu der Tür, hinter der Alfred eingesperrt war. Schon von weitem hörten sie Alfred an die Tür hämmern und rufen: »So hört doch! Ich bin kein Spion!«

»Alles in Ordnung, Alfred?« fragte Ollie von draußen.

»Ja«, gab Alfred zurück. »Aber ich bin kein Spion!«

»Das wissen wir doch«, beruhigte ihn Ollie. »Also halte die Flügel steif!«

»Mach' ich«, sagte Alfred. »Ich muß euch aber etwas Wichtiges mitteilen. Es hat sich eine verdächtige Person an Bord geschlichen. Ich habe es eben durch das Bullauge gesehen!«

»Das müssen wir melden!« rief Ollie aufgeregt.

»Es hat keinen Zweck«, sagte Alfred traurig. »Sie trauen mir nicht. Aber könnt ihr mir nicht hier

raushelfen? Könnt ihr die Tür nicht aufmachen?«
»Das geht nicht«, meinte Schnell. »Die Tür ist verriegelt, und ohne Werkzeug kriegen wir sie nicht
auf. Außerdem dürfen wir keinen Lärm machen,
sonst hört man uns noch.«
»Ich fühle, daß etwas Schreckliches geschieht!«
sagte Alfred. »Und wir können nichts dagegen tun.«
Spion Pssst hatte jedes Wort der Unterhaltung verstanden und schlich leise davon. Es wurde für ihn
höchste Zeit für ein Treffen mit Lispel. Er wußte,
daß Lispel sich inzwischen an Bord der »Seewolf«
befand. Lispel hatte sein Versteck in einem der
Rettungsboote, und dorthin lief Pssst.
»Lispel! Lispel!« rief Pssst leise.
»Hier bin ich!« antwortete Lispel ebenso leise.
»Woher weißt du, daß ich hier bin?«
»Oh! Das war ganz einfach. Alfred hat dich durch
das Bullauge gesehen. Alfred ist die Person, die für
mich brummt. Alle glauben, er ist der Spion.«
»Zu dumm, daß mich jemand beobachtet hat«,
sagte Lispel ärgerlich. »Jetzt müssen wir schnell
unsere Arbeit erledigen und abhauen. Ich soll das
Sonarsystem, von dem du gesprochen hast, zerstö-
ren. Wenn es nicht mehr funktioniert, werden sie
verlieren. Weißt du, wo es ist?«
»Es ist in der Kapitänskajüte«, erklärte Pssst. »Unter
dem Sofa. Sie halten das für ein gutes Versteck,
aber ich habe es natürlich gleich entdeckt.«
Lispel überlegte laut. »Es ist schon spät. Der Kapitän ist jetzt bestimmt in seiner Kajüte und schläft.
Wie locken wir ihn am besten aus seiner Kajüte?«

»Hmm ...« meinte Pssst. »Warte mal ... ich glaube, ich habe da eine Idee!«

Pssst lief leise zurück zu dem Raum, in dem Alfred eingesperrt war. Alfred hörte draußen Geräusche und rief: »He! Was ist los? Ist da wer?«

»Peter sagt, er wird die Tür aufbrechen!« sagte Ollie leise.

»Wirklich, Peter?« Alfred war ganz aufgeregt. »Bist du sicher, daß du das kannst?«

»Natürlich«, erwiderte Pssst-Peter. »Ich mache das schon. Ich habe die ganze Zeit schon überlegt, wie ich dich rausholen kann. Schlösserknacken ist meine Spezialität.«

Es dauerte nur ein paar Sekunden, da wurde die schwere Stahltür von außen geöffnet.

»So, das hätten wir«, sagte Pssst-Peter. »Du kannst rauskommen, Alfred!«

Alfreds Flucht blieb natürlich nicht unentdeckt. Schon nach kurzer Zeit suchte der Ausbildermatrose seinen Kapitän auf und meldete: »Entschuldigen Sie die Störung, Käpt'n, aber Alfred ist entwischt! Wir haben das ganze Schiff durchsucht, aber wir finden ihn nirgends!«

»Keine Panik!« beruhigte ihn Stoppel. »Wir werden ihn finden. Ich werde auch suchen, ich kenne jede Ecke auf dem Schiff.«

Kaum hatte Kapitän Stoppel seine Kajüte verlassen, da schlich eine häßliche Gestalt herein: der Krake Lispel auf der Suche nach dem Sonarsystem. Er fand es und versuchte es nach draußen zu tragen, um es über Bord zu werfen. Doch er schaffte es nicht, es war zu schwer. Aber er zerstörte es, indem er alle Kabel abriß, die das Sonarsystem mit dem Bordcomputer verbanden.

Unterdessen begann die Suche nach Alfred.

Ramknall sah ihn als erster und schickte seine Matrosen hinterher. Eine wilde Jagd begann. Geschickt konnte Alfred immer wieder seinen Verfolgern entkommen, und immer wieder rief er: »So hören Sie doch! Ich bin kein Spion, wirklich nicht! So glauben Sie mir doch! Es befindet sich eine verdächtige Person auf dem Schiff. Die sollten Sie lieber suchen, anstatt mich zu verfolgen! Ich war es nicht!«

Ramknall und Stoppel sahen von der Kommandobrücke aus zu, wie Alfred flink wie ein Wiesel in der Takellage des Schiffes herumturnte, hart bedrängt von dem Ausbildermatrosen, der ihm dicht auf den Fersen war. Als Alfred Kapitän Stoppel sah, rief er ihm zu: »Kapitän! Kapitän! Ich habe gesehen, wie sich jemand an Bord geschlichen hat! Er sah ziemlich verdächtig aus!«

»Verdächtig?« fragte Stoppel.

»Ja! Das sagt er schon die ganze Zeit!« rief der Ausbildermatrose.

Jetzt war auch Hannibal an Deck erschienen. »Was ist denn hier los?« fragte er.

»Der Spion ist entwischt!« klärte ihn Ramknall auf.

»Aha! Der hat es bestimmt auf meine neue Erfindung abgesehen.«

Hannibals Bemerkung machte den Kapitän stutzig. »Ich sehe am besten einmal in meiner Kabine nach dem Rechten, ich habe nämlich dummerweise keine Wache aufstellen lassen.«

Hannibal folgte ihm. Als die beiden die Kapitänskajüte betraten, sahen sie die Bescherung. Das Sonargerät lag auf dem Boden!

»Alle Achtung, saubere Arbeit!« stellte Hannibal fest.

»Tja, Kapitän, ich sage es Ihnen offen: Dieses Gerät ist für die Regatta nicht mehr zu benutzen. Wirklich nicht. Aber die ›Seewolf‹ ist ein gutes Schiff. Wir werden es ihnen schon zeigen!«

»Zum Walroß nochmal!« schimpfte Kapitän Stoppel. »Wer war das? Alfred kann es nicht gewesen sein! Also gibt es einen anderen Bösewicht!«

Auf der Flucht vor seinen Verfolgern war Alfred inzwischen den Mast bis zur Spitze hochgeklettert. Von dort oben sah er, wie Lispel über die Deckplanken kroch und sich aus dem Staub machen wollte.

»Da ist sie!« rief Alfred. »Da ist die verdächtige Person!«

Er bekam ein Tau zu fassen, rutschte daran hinunter und nahm den Kampf mit Lispel auf. Es war ein ungleicher Kampf, denn Lispel war mit seinen acht Armen Alfred überlegen. Sobald Alfred einen der Arme zu fassen kriegte, attackierte ihn Lispel mit den anderen sieben Armen; schlug Alfred mit einem Ruder auf Lispel ein, verteidigte dieser sich mit sieben Rudern. Schließlich gelang es Alfred, seinen Gegner mit allen acht Fangarmen in der

120

Takelage zu verschnüren. Lispel nahm ein letztes Mal all seine Kraft zusammen ... und riß sich los. Er plumpste an Deck, genau vor Kapitän Stoppels Füße.

Bevor aber noch einer der Matrosen sich auf Lispel stürzen und ihn gefangennehmen konnte, war der Krake bereits zur Reling gekrochen. Er zischte seinen Verfolgern zu: »Schert euch zum Teufel!« Dann ließ er sich ins Wasser fallen und war verschwunden.

Aber er ließ etwas zurück ... eine Flasche! Sie rollte hin und her und stieß am Masten an. Der Korken lockerte sich, fiel zu Boden und im nächsten Augenblick marschierte ein Trupp Holzwürmer heraus.

»Holzwürmer!« rief Stoppel. »Werft sie über Bord!«

»Nein!« widersprach Alfred, »dann ertrinken sie doch!«

»Steck sie wieder in die Flasche und mach den Korken drauf!« befahl Stoppel.

Das tat Alfred. Er drängte die Holzwürmer wieder in die Flasche zurück und verkorkte sie. Damit war die erste Schlacht gegen Großspatzenland schon gewonnen!

Und wo war Pssst-Peter? Der war klammheimlich von der »Seewolf« geflohen und versah seinen Dienst inzwischen auf dem Schiff von Großspatzenland, wo ihn der Spatzenoffizier tüchtig rannahm. Denn schließlich wollten die Großspatzenländer auch in diesem Jahr wieder die Regatta gewinnen.

Dann kam endlich der Tag, an dem das Wettsegeln stattfinden sollte. Früh am Morgen wurden zuerst drei laute Böllerschüsse abgefeuert, die den Beginn des Rennens anzeigten. Die Schiffe von Großwasserland und Großspatzenland setzten alle Segel, die sie aufzubieten hatten, und bald rauschten die beiden stolzen Schiffe nebeneinander durch das Meer.

Es dauerte nicht allzulange, da hatte die »Seewolf« bereits einen gehörigen Vorsprung, als plötzlich die Computersteuerung ausfiel. Kapitän Stoppel hatte befohlen, die Rahe aufzustellen, aber die Segel funktionierten nicht mehr automatisch. Schon holte das Schiff von Großspatzenland auf, kam näher und immer näher ...

Jetzt war große Not an Deck der »Seewolf«.

»Ich gehe, Käpt'n!« Das war Alfreds Stimme. Geschickt und flink turnte er nach oben, löste ein paar Taue, die sich ineinander verheddert hatten, und gelangte unversehrt wieder nach unten. Augenblicklich nahm die »Seewolf« wieder Fahrt auf. Stolz und majestätisch rauschte sie davon. Der Spatzenoffizier, Krake Lispel und Spion Pssst hatten dieses Mal das Nachsehen.

Großwasserland gewann die Segelregatta mit einem riesigen Vorsprung. Dank Alfred Jodocus Kwak.

Halt! Wie war das doch mit dem Sonarsystem? Am Abend der Siegesfeier nahm Kapitän Stoppel Hannibal beiseite und raunte ihm zu: »Hannibal, jetzt mal ehrlich! War dieses Sonarsystem wirklich so toll?«

»In der Theorie schon.« Hannibal schmunzelte. »Aber ich hatte nie Gelegenheit, es in der Praxis zu testen!«

Der Geist in der Flasche

Mit den Jahren wuchs Alfred zu einem stattlichen Enterich heran. Er war inzwischen so groß geworden, daß das Haus bei dem verlassenen Bergwerk allmählich zu klein wurde für Papa Henk und den großen Alfred. Also machte sich Henk daran, für seinen Sohn ein größeres Haus unweit des alten zu bauen. Da gab es viel zu tun ... Hämmern, sägen, schrauben, basteln und die Wände streichen. So oft es ging, kam auch jemand von Alfreds Freunden vorbei, um zu helfen. So nahm Alfreds eigenes Haus in Form eines großen Holzschuhs immer mehr Gestalt an. Eines Tages fand sich Ollie ein, bewunderte den Kamin, den Henk gebaut hatte und sagte: »Das ist schön. Hier wird ein schönes Feuer brennen, und daneben sitzt jemand und liest ein Buch. Schau, Alfred, der Kaminsims wird ziemlich breit. Da könnte man etwas Schönes draufstellen. Ich möchte dir etwas schenken für dein neues Haus.«

»Oh nein!« wehrte Alfred ab. »Ich habe von dir schon so viel bekommen, Ollie. Du hast mir immer geholfen und ...«

»Sei doch nicht so bescheiden!« Ollie lachte. »Wie wäre es zum Beispiel mit einer Blumenvase?«

»Tja … sagte Alfred ein wenig verlegen, »das wäre nicht so gut. Henk will mir schon eine Vase schenken.«

»Na schön«, meinte Ollie augenzwinkernd. »Dann suche ich etwas Besonderes für dich aus.« Als Alfred sich im voraus bedanken wollte, wehrte Ollie ab. »Nicht zu früh freuen, du hast es ja noch nicht!«

Die Arbeiten an Alfreds zukünftigem Haus waren auch dem gehässigen Kra nicht verborgen geblieben. Neugierig, wie er nun einmal war, besuchte er mit Hannes und Wannes eines Tages die Baustelle. Hannes und Wannes gefielen das Holzschuhhaus, Kra jedoch meckerte daran herum: »Wenn ich ehrlich bin«, sagte er zu Alfred, »mein Geschmack ist es nicht. Aber Hauptsache, du kannst endlich bei Henk ausziehen. Eine Ente und ein Maulwurf, die zusammen wohnen, das ist doch lächerlich!«

»Das ist es gar nicht!« protestierte Alfred. »Auch wenn wir nicht mehr zusammen wohnen, bleibt Henk immer mein lieber Vater!«

Kra lachte gemein. »Hähähä! Du bist doch kein Baby mehr! Außerdem habe ich eine dunkle Vorahnung!«

Da kam Henk hinzu. »Bei allen sieben Maulwurfshügeln! Hör auf damit, Kra!« schimpfte er. »Du warst schon als Kind böse und bist es immer noch. Wenn man groß wird, sollte man dazulernen!«

»Und du?« gab Kra frech zurück. »Wie lernst du dazu? Du wirst ja nicht groß!«

126

Wütend stürzte sich Henk auf Kra, und wenn Alfred seinen Vater nicht gepackt und von Kra weggerissen hätte, wäre eine schlimme Schlägerei entstanden. Gegen die große, kräftige Krähe aber hatte Henk keine Chance.

Nachdem Kra seine Bosheiten losgeworden war, ging er wieder. Verärgert schaute ihm Henk nach. »Was denkt sich diese Krähe eigentlich?« knurrte er. »Und was soll das Geschwätz mit der dunklen Vorahnung? Meint er vielleicht, Alfreds Haus würde von einem bösen Geist heimgesucht?«

Henk konnte nicht ahnen, was zur selben Zeit in einer Stadt im Morgenland passiert war ... Soeben kamen zwei Kundschafter des Kalifen Alham mit ihrem fliegenden Teppich von einem äußerst wichtigen Erkundungsflug zurück. Die beiden waren nicht gerade guten Mutes und traten mit gesenktem Haupt vor ihren Herrscher.

»Nun, habt ihr gefunden, was ihr suchtet?« fragte der Kalif.

»Nein, Hoheit«, mußten die Kundschafter zugeben. »Die Flasche war nirgends zu finden. Wir haben überall gesucht, aber keine Spur. Unsere Information stimmt nicht. Die Flasche kann sich nicht in der Stadt befinden. Wir waren wirklich überall, aber wir haben nichts gesehen!«

Kalif Alham, eine dicke grüne Raupe, raufte sich die spärlichen Haare. »Wir haben nur noch zwei Tage Zeit, versteht ihr? Nur noch zwei Tage! Ihr wißt doch genau, daß viele Katastrophen dieses

Königreich treffen werden, wenn wir die Flasche nicht finden. Oh, allmächtiger Gott! Bewahre mein Königreich vor Unglück! Schone mein Volk, ich flehe dich an!«

Alhams Wehgeschrei war so laut, daß Prinz Alisman angelaufen kam. »Was ist denn, Vater?« rief er. »Laß mich deine Sorgen teilen!«

»Aber Alisman! Du müßtest doch schon längst im Bett liegen!« sagte der Kalif.

»Wie kann ich denn schlafen gehen, wenn mein Vater so große Sorgen hat?«

»Gut denn«, meinte der Kalif. »Du bist ja schon fünfzehn. Es ist besser, wenn du verstehst, was los ist. Setz dich hin und höre mir zu. Die Geschichte hat vor vielen Jahren begonnen. Damals litt unser Land unter dem bösen Geist der Finsternis. Er verursachte allerlei Katastrophen, um die Leute zu quälen: Dürre, Überschwemmungen, Epidemien, Feuer … Der böse Geist der Finsternis tat alles, um jeden von uns zu peinigen. Schließlich erzürnte sich der allmächtige Gott über diese Taten dermaßen, daß er den bösen Geist in eine Flasche sperrte. So kehrten wieder Ruhe und Frieden in unserem Land ein. Aber jetzt ist die Flasche plötzlich verschwunden. Bis vor ein paar Tagen wurde sie noch in meinem Palast aufbewahrt, aber jetzt ist sie nicht mehr da. Andere Sachen fehlen auch. Irgendein Dieb, der keine Ahnung von dem bösen Geist hat, muß die Flasche mitgenommen haben.«

»Vielleicht ist sie gar nicht mehr im Land«, sagte Alisman. »Wenn sie sich im Ausland befindet, und es dem bösen Geist gelingt, sich aus der Flasche zu befreien, dann kann er doch hier bei uns kein Unheil anrichten, oder?«

»So einfach ist das nicht!« Der Kalif schüttelte traurig den Kopf. »Er kommt sofort in unser Land zurück, wenn er sich erst einmal aus der Flasche befreit hat. Wir haben nur noch zwei Tage Zeit, die Flasche zu finden. So steht es in den alten Büchern geschrieben.«

»Tja ...« überlegte Alisman laut. »Wo könnte die Flasche im Moment wohl sein?«

Genau in diesem Moment betrat im fernen Großwasserland Alfreds Freund Ollie einen Antiquitätenladen.

»Guten Tag«, sagte Ollie zu dem Besitzer, einer alten Schildkröte mit einer Schiffermütze. »Ich suche ein schönes Geschenk für das neue Haus meines Freundes.«

»Na, dann schau dich mal im Laden um«, sagte der Antiquitätenhändler. »Ich habe hier seltene Sachen.« Er führte Ollie herum und zeigte ihm seine Schätze. »Wie wäre es mit diesem alten Fernglas? Oder mit diesem antiken Grammophon?«

Ollie schüttelte den Kopf. »Nein, das ist noch nicht das Richtige.«

Der Antiquitätenhändler schleppte eine Glasflasche an, die mit einem Korken verschlossen war. »Was hältst du davon? Das ist etwas ganz Besonderes! Ich habe die Flasche vor kurzem auf dem Markt gekauft. Der Mann, von dem ich sie erworben habe, hat gesagt, daß darin ein böser Geist eingesperrt ist.«

»Ein böser Geist?« Ollie mußte lachen. »Das ist wohl ein Witz!«

»Ja, vielleicht«, sagte der Händler. »Aber es klingt doch viel interessanter, wenn man sagt, ein böser Geist ist in der Flasche und kein Pfeifenrauch. Außerdem schaut die Flasche außergewöhnlich aus. So etwas sieht man nicht alle Tage.«

»Das stimmt«, gab Ollie zu. »Die nehme ich.«

Die Flasche gefiel ihm. Sie war bauchig geformt, hatte einen schmalen Hals, und in ihrem Inneren wogte und waberte eine violette Flüssigkeit. Es sah fast so aus, als wäre tatsächlich ein böser Geist in der Flasche.

Wenig später in einer Stadt im Morgenland ... Soeben kamen zwei Kundschafter des Kalifen Alham erneut von einem Erkundungsflug mit ihrem fliegenden Teppich zurück. Aufgeregt meldeten sie sich bei ihrem Herrscher.

»Hoheit! Hoheit! Man hat sie gefunden! Die Flasche befindet sich in Großwasserland!«

»Großwasserland?« Der Kalif überlegte. »Das kommt mir nicht sehr bekannt vor. Nun, sei's drum. Ich will euch ja nicht drängen, aber glaubt ihr, daß die Flasche bis Mitternacht hier sein kann?«

»Gewiß! Gewiß!« versicherten die beiden Kundschafter eilfertig.

»Wir geloben, die Flasche zurückzubringen, auch

unter Einsatz unseres Lebens. Wir werden alles Kundschaftermögliche tun!«

»Na, denn los!« befahl Scheich Alham. »Auf nach Großwasserland! Ab mit euch!«

In Großwasserland fand unterdessen ein tolles Fest statt, mit dem Alfred Jodocus Kwak die Einweihung seines neuen Hauses feierte. Das Fest dauerte den ganzen Tag lang und bis in die Nacht hinein. Alfred hatte eine Menge Sachen geschenkt bekommen. Von allen Geschenken gefiel ihm Ollies Flasche am besten.

»Danke, Ollie«, sagte Alfred. »Das ist eine wirklich seltsame Flasche. Hat sie ein Geheimnis?«

»Ja, du darfst niemals den Korken herausziehen«, warnte Ollie, »sonst kommt der böse Geist heraus!«

Alfred lachte. »Der böse Geist?«

»Na ja«, Ollie lachte auch. »Das ist wohl ein Witz des Antiquitätenhändlers gewesen.«

Der Hase Schnell hatte Alfred ein Märchenbuch mit Geschichten aus Tausendundeiner Nacht geschenkt. Am besten gefiel Alfred die Geschichte mit dem fliegenden Teppich. Was man mit so einem Teppich alles anstellen könnte, überlegte er. Es wäre toll, wenn ich so etwas hätte!

Alfred ahnte ja nicht, daß unterdessen ein fliegender Teppich mit zwei Kurieren des Scheichs Alham unterwegs war nach Deichstadt in Großwasserland . . .

Spät am Abend, es war schon dunkel und die meisten Bewohner von Großwasserland schliefen bereits, hatten die beiden Kundschafter ihr Ziel erreicht. Sie landeten mit ihrem fliegenden Teppich vor der Tür des Antiquitätenhändlers, bei dem Ollie die seltsame Flasche gekauft hatte.

Ein kurzer Zauberspruch, »Simsalabim«, und schon war die Tür offen. Die beiden machten Licht an und begannen zu suchen. Sie suchten und suchten, durchstöberten alle Schränke und Kommoden und hinterließen ein arges Durcheinander, aber sie fanden die Flasche nicht.

»Mein Gefühl sagt mir, daß die Flasche hier in der Nähe ist«, meinte der erste Kundschafter. »Aber wo nur?« Sein Blick fiel auf die alte Uhr an der Wand. »Es ist bald zwölf. Wir haben nicht mehr viel Zeit, dann wird der Weissagung zufolge der Geist die Flasche verlassen können.« Er lauschte. »Pssst! Da kommt jemand!«

Es war der Antiquitätenhändler, der noch einmal nach dem Rechten sehen wollte. Er sah das Licht in seinem Laden und dachte, er habe vergessen es auszumachen. Als er nichtsahnend den Laden betrat, packte ihn eine grobe Hand.

»Aaah!« schrie er auf. »Was soll das? Wer seid ihr?«

»Wo hast du die Flasche versteckt?« herrschte ihn der erste Kundschafter an.

»Flasche? Welche Flasche? Ich weiß nicht, wovon ihr redet!«

»Du weißt genau, welche Flasche ich meine. Hier muß eine geheimnisvolle Flasche sein. Wo hast du sie versteckt?«

132

Der arme Antiquitätenhändler wurde kräftig durchgeschüttelt, und dann fiel es ihm wieder ein. »Ach ja, ich hatte eine Flasche, eine ganz sonderbare Flasche, aber die ist jetzt weg. Ich habe sie verkauft.«

»An wen?« fragte der zweite Kundschafter.

»An Ollie, den Storch«, wimmerte der Antiquitätenhändler und sagte ihnen, wo sie Ollie finden konnten.

Alfreds Einweihungsfest neigte sich allmählich dem Ende zu. Alfred brachte alle seine Gäste persönlich zur Tür, bedankte sich für ihr Kommen und für die herrlichen Geschenke. Schnatternd und lachend machten sich die Gäste auf den Heimweg.

»Ich gehe jetzt auch nach Hause«, sagte Henk. Schlaf schön in deinem neuen Haus. Wir sehen uns morgen zum Frühstück.«

»Danke, Henk«, erwiderte Alfred und gähnte. »Ein bißchen komisch ist es schon, allein in einem eigenen Haus zu wohnen. Aber du bist ja in der Nähe. Ich werde noch eine Geschichte lesen und dann schlafen gehen.«

Als Henk gegangen war, setzte sich Alfred in den gemütlichen Stuhl neben dem Kamin und griff nach dem Buch, das ihm Schnell geschenkt hatte. Er schlug es auf.

»Ah!« rief er. »›Aladin und die Wunderlampe‹! Davon habe ich doch schon einmal gehört. Ein Geist steigt aus einer Lampe und gibt Aladin alles, was sein Herz begehrt. Eine tolle Geschichte!« Alfred begann zu lesen. Er las und las und konnte gar nicht mehr aufhören ...

Freund Ollie dagegen schlief bereits in seinem Haus hoch oben auf dem Dach der Kirche. Doch schon nach kurzer Zeit wurde er unsanft geweckt. Die beiden Kundschafter des Kalifen waren zu ihm hinaufgeklettert und klopften laut an die Tür.

»Wer ist da?« rief Ollie schlaftrunken. »Kommen Sie morgen wieder, ich liege schon im Bett.«

»Ich habe eine dringende Nachricht«, säuselte der zweite Kundschafter. »Bitte, machen Sie auf!«

»Na, schön!« Seufzend erhob sich Ollie und öffnete. Doch kaum war er vor die Tür getreten, da hatten ihn schon zwei grobe Hände an seinem langen Storchenhals gepackt.

»Wo ist die Flasche?« brüllte ihn der zweite Kundschafter an.

»Was soll das?« rief Ollie erschrocken. »Rührt mich nicht an! Von welcher Flasche redet ihr überhaupt?«

»Von der Flasche des Antiquitätenhändlers! Los, her damit!«

Ollie rang nach Atem. »He! Keine Gewalt! Nehmt eure dreckigen Pfoten weg!«

Die beiden Kundschafter ließen los, und Ollie schnaufte tief durch. »Was ist denn mit dieser Flasche?« fragte er neugierig.

»Wenn du sie hier im Haus hast, dann solltest du sie schnell hergeben«, drohte der erste Kundschafter. »Wir haben keine Zeit für Erklärungen. Wenn

du dich weigerst, hast du die längste Zeit gelebt!«
Ollie hatte sich wieder gefaßt. »Das macht mich ja
noch neugieriger«, sagte er. »Ihr bekommt die Flasche erst, wenn ihr mir sagt, warum ihr sie haben
wollt!«
Da wurden die beiden Kundschafter fuchsteufels-
wild. Sie stürzten sich auf Ollie. Dieser hackte
ihnen aber mit seinem langen, spitzen Schnabel
auf ihre Tigerpranken und kletterte behende durch
den Schornstein ins Freie. Mit viel Mühe gelang es
den Kundschaftern, ihre dicken Köpfe aus der Tür
des Storchenhauses zu befreien. Als sie den
Schornstein hinaufkletterten, schwang sich Ollie in
die Luft und rief: »Huhu! Hier bin ich! Fangt mich
doch, wenn ihr könnt!«
Er flog eilig davon. Doch seine Verfolger riefen
einen lauten Zauberspruch, »Brimbamborum!«, ihr
fliegender Teppich entrollte sich, und im Nu hatten sie den armen Ollie eingeholt und gefangen
genommen.

Alfred Jodocus Kwak hatte inzwischen sein Buch
ausgelesen. »Wow!« sagte er. »Das war toll! Aber ich
habe noch gar keine Lust, ins Bett zu gehen.« Sein
Blick fiel auf die Flasche auf dem Kaminsims. Er
nahm sie herunter. »Ja«, meinte er, »ich sehe tatsächlich Rauch darin. Ob ich sie einmal öffnen
soll? Aber halt!« Plötzlich fiel ihm etwas ein. »Ich
will nicht, daß mein schönes, neues Haus plötzlich
ganz voll Rauch ist. Ich mache es besser draußen.
Am See vielleicht . . .«

Er griff nach einer Laterne, klemmte sich die Flasche unter den Arm und marschierte los. Unterwegs geschah etwas Seltsames: Plötzlich ertönte ein Rauschen, und ein seltsames Ding flog mit hoher Geschwindigkeit über seinen Kopf hinweg. Es sah aus wie ein fliegender Teppich. Komisch, dachte Alfred, das wird wohl von dem Buch kommen. Ich habe eine richtige Halluzination gehabt!

Nein, es war keine Halluzination! Es waren die zwei Kundschafter des Kalifen Alham, die mit ihrem Teppich unterwegs waren zu Alfred Kwaks Holzschuhhaus. Doch das Haus war leer!

»Beim Barte des Propheten!« schimpften sie. »Die Zeit ist fast um! Wir können nicht warten, denn um Mitternacht steigt der Geist aus der Flasche. Wir müssen den Kerl finden, der hier wohnt, das ist unsere einzige Chance. Wenn wir nichts unternehmen, passiert ein Unglück!« Also machten sich die Kundschafter erneut auf die Suche nach dem neuen Besitzer der geheimnisvollen Flasche.

Alfred war unterdessen am Ufer des Sees angelangt. Er stellte seine Laterne auf einen Baumstumpf und bemühte sich nach Leibeskräften, die Flasche zu öffnen. »Ob wirklich ein Geist drin ist?« überlegte er laut. »Vielleicht ist es ja auch ein Zauberer, der mich in einen Frosch verwandelt. Oder eine hübsche, junge Entenfrau, die schon lange auf mich gewartet hat? Wir werden es ja gleich sehen!«

Aber wer tauchte da auf einmal hinter einem Busch auf und blickte neugierig zu Alfred hinüber?

Kra, der falsche Amselkerl. Weil Kra nicht eingeladen worden war, um Alfreds Einzug in sein neues Haus zu feiern, war er den ganzen Abend um das Holzschuhhaus herumgeschlichen und hatte Alfred nicht aus den Augen gelassen. Und nun traf er ihn murmelnd an, wie er eine blaue Glasflasche öffnen wollte, in der es geheimnisvoll wogte und waberte.

»He, Kra!« rief Alfred, als er Kra entdeckte. »Was machst du denn hier, mitten in der Nacht?«

»Das geht dich nichts an!« gab Kra bissig zurück. »Ist es vielleicht verboten, nachts spazierenzugehen? Was hast du da überhaupt?«

»Das? Oh, das ist eine Flasche, sonst nichts. Ollie hat sie mir geschenkt. Jetzt versuche ich den Korken herauszuziehen. Kannst du mir dabei helfen?«

Kra war neugierig geworden. »Ja, ich denke schon.«

»Gut«, sagte Alfred. »Halte du die Flasche fest, dann kann ich am Korken ziehen. Fertig? Gut festhalten! Er kommt!«

Dann machte es PLOPP! und der Korken war heraus. Alfred hielt den Korken in der Hand, Kra die Flasche, aus der langsam blau-violetter Rauch aufstieg. Die beiden waren enttäuscht. Bloß Rauch? Wie schade!

Inzwischen hatten die Kundschafter des Kalifen Alfreds Spur wieder aufgenommen. Schon von Ferne sahen sie, was sich am Ufer des Sees abspielte.

Sie jammerten, lamentierten und rauften sich die Haare. »Allmächtiger Gott!« riefen sie. »Behüte

unser Land vor dem bösen Geist der Finsternis!
Gib uns Kraft, gegen ihn zu kämpfen!«

Schließlich landeten sie mit ihrem fliegenden Teppich ganz in der Nähe von Alfred und Kra und sahen ängstlich zu, was nun passierte. Der Rauch aus der Flasche wurde dichter und dichter und plötzlich schoß eine rosa-lila Rauchwolke aus der Flasche. Die Wolke löste sich auf und über den Köpfen von Alfred und Kra schwebte ein riesiger, fetter, grüner Geist!

»Haha!« sagte der Geist höhnisch. »Ich werde dich gleich auffressen! Verstehst du? Ich werde dich fressen!«

Da wurde es dem frechen und vorlauten Kra angst und bange. »Warten Sie!« rief er. »Ich habe mich geirrt! Es war anders ... Ich war es gar nicht! Die Ente da, die hat die Flasche geöffnet. Ich habe sie nur festgehalten. Alfred hat den Korken rausgezogen. Sehen Sie nur, er hält ihn immer noch fest.«

Der Geist wandte sich nun Alfred zu. Er packte ihn mit spitzen Fingern, hielt ihn vor sein riesiges Maul und lachte höhnisch: »Nun gut, dann esse ich eben die Ente auf! Wenn ich sie verspeist habe, kehre ich in meine Heimat zurück, um die Menschen dort das Fürchten zu lehren.«

»Also brauchen Sie mich nicht mehr, Herr Geist?« fragte Kra unterwürfig. »Wenn das so ist, dann gehe ich schon mal. Leben Sie wohl!« Er katzbuckelte noch ein wenig vor dem Geist und trippelte dann davon. SCHWUPP! war er in der Dunkelheit verschwunden.

Alfred jammerte und schrie, aber Kra kam nicht zurück, um ihm gegen den bösen Flaschengeist beizustehen. Da erinnerte sich Alfred an das Märchen von Aladin und der Wunderlampe. Betont harmlos und freundlich sagte er zu dem Geist: »Darf ich Sie etwas fragen, Herr Geist? Kamen Sie wirklich aus dieser winzigen Flasche?«

»Natürlich komme ich aus der Flasche! Glaubst du das etwa nicht?«

»Also, wenn ich ehrlich bin«, meinte Alfred, »ich kann einfach nicht glauben, daß so ein Riese in so eine winzige Flasche hineinpaßt!«

»Nun gut«, der Geist fühlte sich ein wenig geschmeichelt, »soll ich dir einmal zeigen, wie toll ich bin, ehe du in meinem Magen verschwindest, du Knirps?«

Er ließ Alfred fallen, stieß ein paar schaurige Laute aus und begann sich in einer rosa-lila Rauchwolke in die Flasche zurückzuziehen. Alfred suchte angestrengt nach dem Korken, doch der Geist kam seinem Plan zuvor. Er hielt plötzlich in seiner Bewegung inne und knurrte: »Hmmm ... jetzt erinnere ich mich ... Es war vor 2000 Jahren, da hat schon jemand versucht, mich hereinzulegen, als ich die Flasche verlassen wollte. Ich ging in die Flasche zurück, und dann hat man den Korken wieder in den Flaschenhals gesteckt und ich war wieder gefangen. Aber ein zweites Mal falle ich nicht herein!«

Der Geist machte Anstalten, sich auf Alfred zu stürzen – aber es gelang ihm nicht! So sehr er sich auch abmühte, er kam nicht mehr aus der Flasche heraus. Er stak fest!

»Donnerschock und Geisterblitz!« rief er wütend. »Mein Körper steckt fest! Hilf mir heraus! Als Dank gebe ich dir, was du verlangst. Und ich werde dich ganz sicher nicht auffressen! Also, mach schon! Ich will so schnell wie möglich in mein Land zurück, dort werde ich wieder herrschen, ich, der Geist der Finsternis!«

Finsternis? Alfred hatte plötzlich eine Idee. Er rannte schnell auf die Laterne zu, die immer noch auf dem Baumstumpf stand, und hielt sie dem Geist entgegen. Dieser schrie entsetzt auf. »Nein! Weg mit dem Licht!«

Aber Alfred kam immer näher mit seiner Laterne.

»Hörst du nicht, was ich sage?« Der Geist geriet in Panik. Du sollst das Licht nicht vor meine Augen halten! Geh weg damit! Schmeiß es in den See!«

Doch es half alles nichts! Der kleine, flinke Alfred ließ dem Geist keine Chance. Er lief um ihn herum und blendete ihn immer wieder aufs neue, bis ... ja, bis der Flaschengeist mit Wehklagen in sich zusammenfiel und schließlich wieder in der Flasche steckte.

»Aaah! Aufhören! Aufhören! Ich werde blind! Aufhören! Aufhören!« Das waren seine letzten Worte.

»Picobello!« rief Alfred und korkte die Flasche zu.

Ganz in der Nähe hatten die beiden Kundschafter auf ihrem fliegenden Teppich das Geschehen mit Spannung verfolgt. Jetzt trauten sie sich aus ihrem Versteck hervor.

»Er hat's geschafft!« riefen sie begeistert. »Er hat den bösen Geist besiegt!«

Alfred erschrak! Zwei orientalisch gekleidete Figuren mit einem ... »Der fliegende Teppich!« Alfred staunte. »Also war es vorhin doch keine Halluzination!« Die beiden Kundschafter verneigten sich vor Alfred.

»Ein Held! Du bist ein echter Held!« lobten sie ihn. »Unser Dank ist groß. Du hast unser Land vor Katastrophen bewahrt, du herrlichste aller Enten!«

»Pah ...« meinte Alfred, und glühte innerlich vor Stolz, »das war doch wirklich nicht der Rede wert!« Nach diesen Worten fiel er erst einmal in Ohnmacht. Als er wieder zu sich kam, brauchte er ein paar Tage, um dieses aufregende Abenteuer richtig zu verdauen.

Aber kaum war eine Woche vergangen, da standen die beiden Kundschafter vor seiner Tür. Als Alfred aus dem Haus trat, setzten sie ihm einen kunstvoll gewundenen Turban auf den Kopf, in dessen Mitte ein riesiger, funkelnder Edelstein prangte.

»Unser König, Sultan Alham, möchte dir als Zeichen seines großen Dankes diesen Turban schenken«, sagte der erste Kundschafter. Alfred war gerührt und stolz zugleich und ließ dem Sultan im fernen Morgenland seinen Dank und seine allerbesten Wünsche ausrichten. Dann verabschiedeten sich die beiden Kundschafter für immer aus Großwasserland. Sie nahmen den Geist in der Flasche mit und schworen, daß die Flasche nie wieder verlorengehen würde.

Der Zirkus

Aufgeregt klopfte Henk eines morgens an Alfreds Haustür. »Alfred! rief er. »Weißt du, daß ein Zirkus in der Stadt ist? Hast du Lust, mit mir heute abend hinzugehen?«

Alfred öffnete. »Guten Morgen, Henk«, sagte er. »Ja, ich weiß. Aber ob ich mitgehen werde, das kann ich dir noch nicht sagen.«

»Hast du keine Zeit?« fragte Henk.

»Doch, das schon. Aber hast du nicht Lust, *mir* heute abend zuzuschauen? Ich würde nämlich selbst gern in dem Zirkus auftreten!«

»Du beim Zirkus?« Vor Staunen blieb Henk der Mund offen stehen.

»Klar!« meinte Alfred. »Ich habe ein Plakat gesehen: CLOWN GESUCHT. Na, und den Job möchte ich jetzt haben. Es wäre doch toll, wenn ich Geld verdienen könnte mit ein paar lustigen Späßchen.«

Alfred war so angetan von seiner Idee, daß er sich gleich nach dem Frühstück auf den Weg machte. Oh, war das eine aufregende Welt, die ihn auf der großen Wiese vor der Stadt erwartete! Das große Zelt war bereits aufgebaut, und rundherum standen bunt bemalte Zirkuswagen. Geschäftig eilten die Zirkusleute hin und her, Tiere wurden gefüttert, die Zirkuskapelle übte schmissige Melodien, und überall trainierten die Artisten ihre Kunststücke. Alfred marschierte schnurstracks in das Zelt, wo drei muntere Affen eine schwierige Hochseilnummer probten. Eine hübsche Seiltänzerin war gerade mit ihren Proben fertig geworden und kam jetzt auf Alfred zu.

»Hallo!« sagte sie freundlich. »Bist du auch vom Zirkus?«

»Nein, ich suche den Zirkusdirektor. Ich möchte gern hier arbeiten.«

»So? Als was denn?« Sie musterte ihn neugierig. »Bist du ein Seiltänzer? Oder ein Menschenbändiger? Da haben wir nämlich schon einen sehr guten, und einer genügt.«

»Clown!« rief Alfred. »Ich will ein Clown sein!«

»Tja«, meinte das Mädchen, »einen Clown haben wir auch schon, und auch einen sehr guten!«

»Jersomina!« rief in diesem Augenblick eine kräftige, männliche Stimme. »Was machst du hier? Hast du nichts zu tun? An die Arbeit!«

»Das ist der Direktor!« raunte das Mädchen Alfred zu. Dann eilte es schnell davon. Ein großer Mann in einer schmucken Uniform betrat die Arena. »Ich bin Valentino. Und wer bist du?« fragte er.

»Ich bin Alfred Kwak, Herr Direktor. Ich möchte gern bei Ihnen Clown werden.«

»Soso«, meinte Valentino, »du hast wohl das Plakat gelesen?« Alfred nickte. »Hoffentlich hast du es auch gut gelesen. Wir wollen nämlich einen Clown mit sehr viel Talent. Capito?«

144

»Ich bin noch nie vor einem Publikum aufgetreten, aber dafür bin ich sehr ungeschickt. Ich kann das Publikum bestimmt zum Lachen bringen, Herr Valentino!«

»Hmmm«, der Direktor überlegte kurz. »Na, dann komm mal mit.«

Sie verließen das Zelt und gingen zu einem kleinen Wohnwagen. Hier wohnte der Clown Colombo. Er lag im Bett und hustete.

»Nun?« sagte der Direktor, als er zusammen mit Alfred den Wagen betreten hatte. »Wie fühlst du dich?«

»Es geht so«, antwortete Colombo und richtete sich auf.

»Dieser junge Enterich hier«, Valentino deutete auf Alfred, »will Clown werden.«

Der junge Enterich machte einen höflichen Diener und sagte: »Ja, das will ich. Sehr angenehm, ich heiße Alfred!«

»Das ist Colombo, unser Clown«, fuhr der Zirkusdirektor fort. »Sperr die Ohren auf und tu alles, was er sagt.« Er wandte sich zum Gehen. »Ich überlasse ihn jetzt dir, Colombo!«

»Aber wenn er nicht gut ist, dann schmeiße ich ihn sofort wieder raus«, sagte Colombo. »Clown zu sein, ist nämlich nicht einfach.«

»Ich weiß«, sagte Valentino, »du wirst ihm schon zeigen, wie man's macht.«

Als Valentino gegangen war, kroch Colombo aus dem Bett und zog sich an. Dann ging er mit Alfred hinaus ins Freie.

»Hör zu, Ente«, sagte er. »Ich sage alles nur *einmal*!
Heute abend spielen wir eine neue Nummer: den
»Clownlehrling«. Die Geschichte geht so: Eines
Tages nimmt ein sehr berühmter Clown einen
Lehrling bei sich auf. Er versucht ihm alles zu zei-
gen. Aber der Junge ist so dumm, daß er alles
falsch macht. Das ist auch schon alles.«

Alfred schaute ein wenig enttäuscht drein. »Das
finde ich nicht schön«, sagte er.

»Du brauchst es ja auch nicht schön zu finden«,
entgegnete Colombo. »Hauptsache, das Publikum
findet es schön. Wir haben diese Szene früher oft
gespielt und immer mit Erfolg. Also, was ist jetzt?«

»Na gut«, meinte Alfred. »Dann wollen Sie sicher,
daß ich den Lehrling darstelle?«

»Nein«, berichtigte ihn der Clown, »wenn wir heute
abend zusammen auftreten, dann spielst du den
Meister. Ich spiele den Lehrling. Wenn wir in die
Manege kommen, darfst du alles tun, was du willst.
Ich versuche dann, alles nachzumachen, was du
tust.«

»Was? Ich darf Meister spielen?« jubelte Alfred.
»Und darf machen, was ich will? Picobello!«

»Wenn ich dir etwas nachgemacht habe, mußt du
immer sagen, daß es nicht gut war. Zum Schluß
malst du eine »Null« auf meinen Anzug. Dann be-
komme ich vor Scham einen ganz roten Kopf und
du verläßt enttäuscht die Manege. Vorher drehst
du aber noch eine Runde und ich watschele hinter
dir her. Paß auf . . .«

Clown Colombo verzog sein Gesicht, daß es wie

ein dicker Entenschnabel aussah, ging in die Knie, streckte sein Hinterteil in die Luft und machte mit einem gekonnten Watschelgang einige Schritte. Dazu rief er: »Quaaak! Quaaak!«

Alfred lachte herzlich. »Das ist lustig! Das ist Picobello!«

»Am Schluß sieht man, daß der Lehrling viel besser ist als der Meister. Wenn du rausgehst, stolperst du über irgendwas, und ich äffe dich nach«, beendete Colombo seinen Vortrag.

Er watschelte wieder und stolperte dann absichtlich. Dabei fiel er aber so unglücklich hin, daß er nicht mehr aufstehen konnte. Zum Glück kam gerade der Menschendompteur Horst vorbei. Horst und Alfred hoben Colombo hoch und schleppten ihn zu seinem Wagen. Seufzend ließ sich der Clown in sein Bett plumpsen. An einen Auftritt heute abend war jetzt nicht mehr zu denken!

Guter Rat war nun teuer. Horst und Valentino beratschlagten, was zu tun wäre. Neben ihnen stand Alfred und schaute die beiden erwartungsvoll an.

»Kann er denn nicht einspringen?« fragte Horst und deutete auf Alfred.

»Ja!« rief dieser begeistert. »Ich kann den Clown auch allein spielen. Lassen Sie es mich doch bitte machen!«

Der Zirkusdirektor seufzte. Dann meinte er: »Er hat zwar noch keine Erfahrung, aber ich glaube, es bleibt uns gar nichts anderes übrig, als ...«

Plötzlich ertönte aus einem Käfig, der in der Nähe

stand, ein gefährliches Knurren und Brüllen! Erschrocken drehte sich Alfred um. Was war denn das? In einem vergitterten Käfigwagen hockte ein wilder Mann. Er fletschte die Zähne und rüttelte an den Gitterstäben.

»Ganz schön wild, dieser Mensch, nicht wahr?« sagte der Dompteur Horst. »Ich habe alle meine Kräfte gebraucht, um ihn zu zähmen.« Er schlug mit seiner Peitsche gegen den Käfig. »Ruhe!« rief er. »Ruhe! Wir müssen noch eine ganze Menge Tricks lernen, bevor wir heute abend auftreten können, ist das klar?«

Der Käfigwagen wurde zur Arena gezogen. Der Dompteur öffnete den Käfig und durch einen vergitterten Gang kroch der wilde Mensch in die Arena. Dort stand bereits ein Feuerreifen, durch den der Mensch springen mußte. Er tat es widerwillig, und Horst mußte mit seiner knallenden Peitsche nachhelfen. Auch auf die Pyramide aus zehn aufeinandergestellten Stühlen kletterte er nur sehr ungern. So folgte ein Kunststück auf das andere.

In dem Wohnwagen von Colombo hatte sich Alfred unterdessen als Clown zurechtgemacht. Er trug übergroße Schuhe, ein buntes Kostüm und eine lustige Mütze auf dem Kopf. Sein Gesicht war weiß geschminkt und auf dem Schnabel klebte eine kleine, rote Kugel. Es wird bestimmt gutgehen, machte er sich selber Mut, ich habe ein picobello Vorgefühl!

In diesem Aufzug marschierte Alfred in die Arena.

Dort begegnete ihm Jersomina, die mit großen Augen dem Dompteur bei der Arbeit zusah. Als sie Alfred bemerkte, fragte sie erstaunt: »Du trittst also echt als Clown auf?«

»Wie du siehst!«

»Na ja«, meinte Jersomina, »es ist aber viel schöner, ein Menschenbändiger zu sein, so wie Horst!« Dabei warf sie Horst einen verliebten Blick zu.

Oh! Schade! dachte Alfred. Die kleine Jersomina würde gut zu mir passen. Sie ist so ... so ... sie ist einfach picobello! Deshalb sagte er auch zu dem Zirkusdirektor, als dieser die Manege betrat: »Ich wäre wahnsinnig gern ein Menschenzähmer, genau so einer wie Horst. Das wäre toll!«

»Was sind denn das für Flausen in deinem kleinen Entenkopf!« brauste der Direktor auf. »Spiel du nur den Clown. Ich erwarte perfekte Arbeit, capito? Bist du immer noch sicher, daß du ein guter Clown bist?«

»Ja, Chef!« erwiderte Alfred treuherzig. »Ich werde mir auf jeden Fall die größte Mühe geben!«

»Also, dann, üben! Keine Zeit verschwenden! Concentrare! Mama mia!« sagte Valentino und verdrehte die Augen. »Das geht bestimmt schief heute abend! Das wird eine echte Katastrophe!«

Die Stunden, die die Artisten und Künstler mit Proben verbrachten, vergingen wie im Flug, und dann war es endlich soweit. Die ersten Zuschauer betraten das Zelt und nahmen ihre Plätze ein. Die Zirkuskapelle spielte einen flotten Marsch, und Hun-

derte von bunten Lämpchen tauchten die Manege
in ein magisches Licht.

Alfred wagte einen neugierigen Blick hinter dem
Vorhang hervor, durch den die Zirkuskünstler die
Manege betreten sollten.

»He!« rief Alfred leise. »Da sind ja Ollie und Henk.
Und Freund Schnell ist auch da. Juhuh! Sie sind
alle da! Ich muß einfach gut sein!«

Natürlich waren seine Freunde gekommen, um
Alfred Jodocus Clown bei seinem ersten Auftritt im
Zirkus zu bewundern. Ollie hatte es gar nicht
glauben wollen, als Henk ihm sagte: »Alfred ist
zum Zirkus gegangen. Ich habe ihn gewarnt, aber
er will unbedingt Clown werden.«

»Und?« fragte Ollie nun, als sie sich in dem weiten
Zirkusrund einen Platz gesucht hatten. »Tritt Alfred
jetzt gleich als Clown auf?«

Henk zitterte schon vor Aufregung. »Ich kann's dir
nicht sagen. Hoffentlich geht alles gut und er bla-
miert sich nicht.«

Hinter dem Vorhang richtete Zirkusdirektor Valen-
tino kurz noch einmal das Wort an seine Künstler:
»Das Zelt ist bis auf den letzten Platz besetzt. Die
Leute sind gekommen, um von uns Höchstleistun-
gen zu sehen. Ich will, daß ihr alle euer Aller-
Allerbestes gebt!«

Ein Tusch ertönte und Valentino trat hinaus in das
Licht der Scheinwerfer. Als die Musik verklungen
war, breitete er die Arme aus und rief: »Meine
Herrschaften! Ich heiße Sie herzlich willkommen!
In wenigen Sekunden beginnt unser Programm

›Fantastico‹! Ich hoffe, Sie haben ›una notte grandioso‹, eine grandiose Nacht!«

Wieder ertönte ein Tusch, und Valentino zog sich hinter den Vorhang zurück. Er trat auf Alfred zu und sagte: »Du bist der Erste, Ente. Jetzt muß ein Spaß auf den anderen folgen, damit das Publikum gleich in die richtige Stimmung kommt. Los!«

»Ich kann nicht!« sagte Alfred kleinlaut. »Ich traue mich einfach nicht mehr!«

»Was sagst du da?« rief Valentino aufbrausend. »Bist du wahnsinnig? Du kommst jetzt dran! Du bist an der Reihe! Pronto!«

»Bitte! Bitte!« jammerte Alfred. »Mir klappert der Schnabel vor Angst!«

»Pronto! Pronto! Raus jetzt!« Mit diesen Worten gab der Zirkusdirektor dem kleinen Entenclown einen kräftigen Schubs. Alfred fiel durch den Vorhang und kugelte in die Manege.

Die ersten Zuschauer lachten. Als Alfred sich aufrichtete und traurig in die Runde blickte, lachten noch mehr, und als er mit gesenktem Kopf und schleppendem Schritt eine Runde drehte, brüllten alle vor Lachen. Es sah auch wirklich zu komisch aus, wie Alfred Jodocus Kwak einen Clown spielte.

Ollie stieß Henk begeistert in die Rippen. »Das macht Alfred doch prima, was?«

»Na ja, es geht«, meinte Henk stirnrunzelnd.

Alfred drehte eine zweite Runde und überlegte krampfhaft, was er jetzt Lustiges anstellen könnte, um das Publikum zu amüsieren. Vor lauter Nach-

denken paßte er nicht auf, wo er hintrat. PAR-
DAUTZ! Da war Alfred gestolpert und mit der Nase
in die Sägespäne gefallen. Wieder lachten die
Leute.

Plötzlich rief eine Stimme von draußen, wo die
Wohnwagen und Käfige standen: »Der Mensch ist
los! Der Mensch ist los!«

Da kam schreiend Jersomina hereingestürzt, gefolgt von dem wilden Mann, der schrecklich
brüllte und die Zähne fletschte.

Ich muß ihr helfen! Das war Alfreds erster Gedanke. Aber wie? Ohne zu überlegen, rannte er auf
den wilden Mann los, um ihn von dem Mädchen
abzulenken. Dieser änderte sofort die Richtung
und stürmte auf Alfred zu. Clown Alfred schlug
Haken wie ein Hase auf der Flucht. Einige Male
prallte der wilde Mann gegen die Absperrung, die
die Sitzbänke von der Manege trennte. Die Leute klatschten und johlten vor Vergnügen, weil
sie glaubten, das wäre Alfreds Clownsnummer.
Schließlich hatte der Mensch den kleinen Alfred
doch erwischt. Und was machte Alfred? Er hatte
den rettenden Einfall ... er kitzelte den Menschen!
Er kitzelte ihn am Hals, unter den Armen, hinter
dem Ohr und an den Fußsohlen. Der Mensch
konnte nicht mehr aufhören zu lachen. Er wehrte
sich nach Leibeskräften, aber die flinken Hände
von Alfred waren schneller. So kugelten die beiden durch die Manege, bis sie total erschöpft lie-
genblieben.

Sofort kamen ein paar Wärter, schnappten sich den

Menschen und zerrten ihn hinaus. Zurück blieb Clown Alfredo. Beifallsstürme erhoben sich im Publikum und immer wieder mußte Alfred nach allen Seiten Verbeugungen machen.

Auch draußen hinter dem Vorhang war die Freude groß, und Direktor Valentino rief immer wieder: »Fantastico! Das hast du großartig gemacht, Alfredo! Fantastico!«

Dann ging die Vorstellung weiter, und alle gaben ihr Bestes. Jersomina tanzte so elegant wie nie zuvor auf dem Seil, die Affen auf dem Trapez vollbrachten die tollsten Kunststücke, und auch Dompteur Horst mit seinem wilden Menschen zeigte die gefährlichsten Dressurakte. Kurz gesagt: der Abend wurde ein voller Erfolg!

Als die Vorstellung vorüber war, nahm Zirkusdirektor Valentino seinen kleinen Clown zur Seite und sagte: »Alfredo, ich möchte gern, daß du bei uns bleibst!«

Alfred winkte ab. »Nein, daraus wird nichts! Ich habe gemerkt, daß ich kein Talent zum Clown habe.«

»Aber Alfredo!« rief Valentino entgeistert. »Alle fanden dich ›grandioso‹, vor allem in der Nummer »Der Mensch ist los«!«

»Ach wissen Sie, die Nummer war gar nicht geplant. Das geschah alles ganz von allein.«

»Von allein?« Der Zirkusdirektor wurde kreidebleich im Gesicht. »Du hast dir das nicht ausgedacht?«

»Nein!« Alfred schüttelte den Kopf. »Aber mir blieb

gar nichts anderes übrig, um Jersomina und das Publikum vor dem wilden Menschen zu schützen.«
Er seufzte tief. »Also dann, tschüß an alle«, sagte er und wandte sich zum Gehen. »Grüßen Sie noch Herrn Colombo von mir. Er ist ein sehr guter Clown!«

Am Hinterausgang des Zeltes wartete im Dunkel der Nacht eine kleine Gestalt mit einer Bauarbeitermütze.

Henk.

Er nahm seinen Schützling bei den Schultern, schaute ihn liebevoll an und sagte mit Hochachtung in der Stimme: »Alfred ... Jodocus ... Kwak ...! Der Zirkusheld!«

Puh!

Das wäre beinahe schiefgegangen, im Zirkus von Direktor Valentino! Ich kann euch sagen, als Ente hat man es nicht leicht im Leben. Dabei schätze ich doch nichts so sehr wie das ruhige Leben in meinem Holzschuhhäuschen neben meinem lieben Vater und Nachbarn Henk.

Aber jetzt habe ich erst einmal genug von aufregenden Abenteuern in Königsschlössern und auf hoher See, mit Flaschengeistern und wilden Menschen. Jetzt setze ich mich vor dem Haus in meinem Liegestuhl in die Sonne und singe mir eins — das Lied, das ihr bestimmt alle schon einmal gehört habt:

Warum bin ich so fröhlich,
so fröhlich, so fröhlich?
Bin ausgesprochen fröhlich,
so fröhlich war ich nie!
Ich war schon öfter fröhlich,
ganz fröhlich, ganz fröhlich.
Doch so verblüffend fröhlich
war ich bis heut noch nie.

Es ist auch schon mal traurig,
so abgrundtief traurig,
dann bin ich schaurig traurig,
dann tut mir alles weh!
Warum bin ich so fröhlich,
so fröhlich, so fröhlich?
Bin ausgesprochen fröhlich,
so fröhlich war ich nie!

Inhalt